CONDICIONAMIENTO OPERANTE

UNA GUÍA DE LA PSICOLOGÍA SKINNERIANA

TABLA DE CONTENIDO

INTRODUCCIÓN AL CONDICIONAMIENTO OPERANTE

Definición y alcance

El condicionamiento operante, un concepto fundamental en la psicología conductual, se refiere al proceso mediante el cual la conducta de un individuo se moldea y modifica mediante refuerzo o castigo. A diferencia del condicionamiento clásico, que se centra en las respuestas involuntarias a los estímulos, el condicionamiento operante se centra en las acciones voluntarias y sus consecuencias. En la base del condicionamiento operante se encuentra el principio de que las conductas se ven influenciadas por sus resultados, es decir, las recompensas o los castigos que generan. Al examinar sistemáticamente la relación entre la conducta y sus efectos subsiguientes, investigadores y psicólogos comprenden mejor los mecanismos subyacentes a la conducta humana y animal.

Una característica distintiva del condicionamiento operante es su énfasis en el papel del refuerzo y el castigo en la modelación de la conducta. El refuerzo, ya sea en forma de recompensas positivas o la eliminación de estímulos negativos, sirve para fortalecer y aumentar la probabilidad de que una conducta específica se repita. Por el contrario, el castigo, ya sea mediante la aplicación de consecuencias aversivas o la retirada de estímulos positivos, busca debilitar y disminuir la ocurrencia de una conducta específica. Esta interacción dinámica entre el refuerzo y el castigo constituye la base de la modificación de la conducta, a medida que los individuos aprenden a asociar sus acciones con resultados favorables o desfavorables.

El condicionamiento operante va más allá de las simples relaciones de causa y efecto para abarcar el concepto de contingencia, según el cual la presentación de una consecuencia depende de la ocurrencia de una conducta específica. Esta relación contingente entre la conducta y sus consecuencias resalta la predictibilidad y el determinismo inherentes a los procesos de aprendizaje operante. A medida que las personas se desenvuelven en su entorno e interactúan con estímulos, encuentran continuamente oportunidades para realizar conductas que producen resultados deseables, evitando al mismo tiempo las que conllevan consecuencias adversas.

A partir del trabajo pionero de B.F. Skinner y otros investigadores influyentes, el condicionamiento operante se ha aplicado en diversos ámbitos, como la educación, la crianza, el comportamiento organizacional y la intervención clínica. Su capacidad para dilucidar las dinámicas conductuales que rigen la conducta humana y animal lo ha posicionado como una piedra angular de la comprensión psicológica moderna. Al desentrañar las complejidades de cómo se influyen y se mantienen las conductas, el condicionamiento operante ofrece perspectivas invaluables e implicaciones prácticas para promover el cambio positivo y el comportamiento adaptativo en individuos y comunidades.

Diferencias fundamentales entre el condicionamiento clásico y el operante

El condicionamiento clásico, estudiado inicialmente por Iván Pávlov, se centra en la asociación entre un estímulo neutro y una respuesta involuntaria. Esta forma de aprendizaje se produce mediante el proceso de sustitución de estímulos, donde el estímulo neutro se convierte en un estímulo condicionado capaz de evocar la misma respuesta que el estímulo incondicionado. En cambio, el condicionamiento operante, desarrollado por B.F. Skinner, enfatiza la relación entre una conducta voluntaria y sus consecuencias. En lugar de centrarse en las respuestas reflejas, el condicionamiento operante se ocupa de la modificación de las conductas en función de sus resultados. Una de las distinciones fundamentales entre ambos tipos de condicionamiento reside en la naturaleza de la conducta objetivo. En el condicionamiento clásico, el énfasis se centra en provocar una respuesta refleja, mientras que el condicionamiento operante busca modificar y controlar las acciones voluntarias. Otra diferencia clave reside en el papel de la agencia del individuo en el condicionamiento operante, donde el sujeto participa activamente en conductas que luego son moldeadas por sus consecuencias. En el condicionamiento clásico, la respuesta se produce de forma pasiva, desencadenada por los estímulos ambientales. Además, la secuencia temporal de estímulos y respuestas difiere entre ambas formas de condicionamiento. El condicionamiento clásico implica la presentación del estímulo condicionado antes del estímulo incondicionado, lo que conduce a la asociación aprendida. En cambio, en el condicionamiento operante, la consecuencia sigue a la conducta, lo que influye en la probabilidad de su recurrencia. Además, el concepto de contingencia es fundamental en el condicionamiento operante, pero desempeña un papel menos destacado en el condicionamiento clásico. La contingencia se refiere a la relación predecible entre la conducta y la consecuencia, lo que pone de relieve la naturaleza instrumental del aprendizaje operante. Comprender estas diferencias fundamentales entre el condicionamiento clásico y el operante es vital para comprender los diversos mecanismos mediante los cuales los organismos aprenden y se adaptan a su entorno.

Conceptos básicos - Comportamiento, consecuencia y contingencia

Los conceptos fundamentales de conducta, consecuencia y contingencia constituyen la piedra angular de la teoría y la práctica del condicionamiento operante. La conducta se refiere a cualquier acción o respuesta observable y medible que exhibe un individuo, desde simples movimientos motores hasta procesos cognitivos complejos. En el contexto del condicionamiento operante, la conducta es el objetivo de la modificación mediante la aplicación de refuerzo o castigo. La consecuencia, por otro lado, abarca los resultados que siguen a una conducta específica. Estas consecuencias pueden reforzar o suprimir la ocurrencia de la conducta, moldeando así las respuestas futuras del individuo. Comprender el papel de las consecuencias en la modificación de la conducta es esencial tanto para profesionales como para investigadores. La contingencia, el tercer concepto fundamental, se refiere a la relación predictiva entre la conducta y sus consecuencias. Define la relación causa-efecto entre las acciones de un individuo y los resultados resultantes. Al comprender la naturaleza contingente de las asociaciones entre conducta y consecuencia, los psicólogos pueden diseñar e implementar eficazmente estrategias de intervención. Además, esta perspectiva permite el análisis y la manipulación sistemáticos de las contingencias para lograr los cambios conductuales deseados. La interacción entre conducta, consecuencia y contingencia constituye la base sobre la que se aplican los principios del condicionamiento operante en diversos entornos. Las aplicaciones prácticas de estos conceptos fundamentales son abundantes, abarcando desde intervenciones clínicas para conductas desadaptativas hasta la mejora de la productividad en entornos organizacionales. Por ello, cultivar una comprensión matizada de las relaciones entre conducta y consecuencia, así como de las contingencias, es fundamental para los profesionales que trabajan en campos donde la modificación y la gestión de la conducta son preocupaciones centrales.

El papel del refuerzo en la modificación de la conducta

El refuerzo, un concepto fundamental del condicionamiento operante, desempeña un papel fundamental en la modificación de la conducta. Al comprender los mecanismos y las aplicaciones del refuerzo, psicólogos y educadores pueden moldear y modificar eficazmente el comportamiento humano y animal. El refuerzo abarca el uso estratégico de estímulos para aumentar la probabilidad de que una conducta específica se repita. Ya sea positivo o negativo, el refuerzo ofrece una herramienta poderosa para modificar la conducta en diversos entornos, desde el aula hasta las intervenciones clínicas.

El refuerzo positivo implica la introducción de un estímulo gratificante inmediatamente después de una conducta deseada, lo que aumenta la probabilidad de que dicha conducta se repita. Este estímulo positivo puede ser cualquier cosa que el individuo perciba como favorable, como elogios, recompensas tangibles o privilegios. Por el contrario, el refuerzo negativo implica la eliminación de un estímulo aversivo tras la realización de una conducta deseada, lo que refuerza la probabilidad de que dicha conducta se repita. A pesar de las diferencias entre el refuerzo positivo y el negativo, ambos métodos demuestran la potencia del refuerzo en la modelación de la conducta.

La modificación de conducta, una aplicación clave del refuerzo, busca inculcar nuevos comportamientos o eliminar los no deseados mediante estrategias sistemáticas de refuerzo. Al desarrollar planes de modificación de conducta, los profesionales seleccionan y administran cuidadosamente refuerzos adaptados a las necesidades únicas y al perfil de aprendizaje de cada individuo. Este enfoque personalizado garantiza que el refuerzo se ajuste a las preferencias, la motivación y la etapa de desarrollo de la persona, maximizando así su eficacia. Cabe destacar que la modificación de conducta basada en el refuerzo se ha utilizado ampliamente en diversos campos, como la educación especial, las discapacidades del desarrollo, la rehabilitación y la gestión del comportamiento organizacional. El proceso implica identificar los comportamientos objetivo, diseñar programas de refuerzo y supervisar continuamente el progreso para determinar la eficacia de las técnicas de refuerzo aplicadas.

Comprender la compleja interacción entre el refuerzo y la conducta fomenta el desarrollo de intervenciones basadas en la evidencia que promueven el cambio conductual adaptativo. Además, el uso estratégico del refuerzo reconoce la influencia recíproca de las variables ambientales y los rasgos de personalidad en la conducta. Al incorporar el refuerzo en las prácticas de modificación de conducta, los profesionales pueden empoderar a las personas para que logren transformaciones conductuales significativas y sostenibles. Por lo tanto, el papel crucial del refuerzo en la modificación de conducta subraya su importancia para promover cambios positivos y fomentar el crecimiento personal en diversos contextos.

La influencia de las variables ambientales

Las variables ambientales abarcan un amplio espectro de factores que influyen en las acciones y respuestas de un individuo. Estas variables incluyen, entre otras, las interacciones sociales, el entorno físico, las normas culturales y los desencadenantes situacionales. Es fundamental reconocer la relación dinámica y recíproca entre un organismo y su entorno. El impacto de las variables ambientales es fundamental para los principios del condicionamiento operante, ya que determinan la probabilidad de que las conductas se repitan o disminuyan.

Para comprender la influencia de las variables ambientales, es necesario considerar el concepto de control de estímulos. Este se refiere a la capacidad de señales o estímulos específicos del entorno para provocar respuestas específicas en un individuo. Por ejemplo, en un entorno laboral, el sonido de un teléfono puede incitar a un empleado a contestar con prontitud, demostrando así el control que ejerce el estímulo ambiental. Además, la consistencia y la previsibilidad del entorno desempeñan un papel fundamental en el reforzamiento de las conductas. Un entorno caracterizado por consecuencias consistentes para ciertas conductas refuerza la asociación entre la acción y sus resultados.

El entorno social influye significativamente en el condicionamiento operante. Los refuerzos sociales, como el elogio, la aprobación o la crítica, ejercen una influencia sustancial en la conducta de un individuo. Al alterar el contexto social y las interacciones, se pueden moldear y modificar eficazmente las conductas mediante técnicas de refuerzo selectivo. De igual manera, el aprendizaje observacional, un concepto estrechamente relacionado con el condicionamiento operante, se ve profundamente influenciado por las variables ambientales. Las personas a menudo imitan las conductas observadas en su entorno, lo que enfatiza aún más el impacto del entorno en la adquisición y modificación de la conducta.

Las variables ambientales también se extienden al impacto de las prácticas culturales, las normas sociales y los contextos históricos. Las variaciones culturales en las prácticas de reforzamiento y las conductas aceptables insinúan la relación entre el entorno y la conducta. Distintas culturas pueden otorgar distinto énfasis a ciertas conductas y mecanismos de reforzamiento, lo que ilustra la naturaleza contextual de los procesos de condicionamiento operante.

Ejemplos observacionales de condicionamiento operante en la naturaleza

El condicionamiento operante se observa en todo el mundo natural, lo que proporciona ejemplos esclarecedores de cómo los organismos adaptan sus comportamientos en función de las consecuencias. Un ejemplo destacado se observa en las conductas de búsqueda de alimento de animales como aves y primates. Cuando un ave aprende que picotear un objeto de color específico en un árbol resulta en la obtención de alimento, esto representa un caso clásico de condicionamiento operante. A través de experiencias repetidas, el ave llega a asociar el acto de picotear con la obtención de sustento, reforzando así esta conducta.

De manera similar, entre los primates, el uso de herramientas para obtener alimento muestra principios de condicionamiento operante. Por ejemplo, cuando un chimpancé aprende a usar un palo para extraer insectos de una grieta, la extracción exitosa de alimento actúa como una consecuencia positiva, reforzando la conducta de usar el palo como herramienta. Con el tiempo, esta conducta se vuelve más frecuente y refinada a medida que el primate aprende mediante los resultados de refuerzo.

Otro ejemplo sorprendente de condicionamiento operante en la naturaleza se evidencia en las conductas depredadoras de las especies carnívoras. Los depredadores que practican el acecho y la caza recurren al condicionamiento operante para perfeccionar sus técnicas y estrategias de captura. El éxito o el fracaso de un intento de caza actúa como un potente reforzador, moldeando las conductas depredadoras posteriores. Por ejemplo, un león que captura con éxito a su presa probablemente repetirá la misma estrategia en el futuro, asociándola con un resultado positivo. Por el contrario, si una táctica de caza no consigue asegurar una presa, el depredador puede modificar su estrategia en intentos posteriores, lo que demuestra la influencia del condicionamiento operante en las conductas adaptativas en el mundo natural.

Dentro de la dinámica social de los grupos animales, el condicionamiento operante desempeña un papel fundamental en el establecimiento de jerarquías y la regulación del comportamiento social. Las exhibiciones de dominancia en ciertas especies, como los lobos o los primates, suelen reforzarse mediante mecanismos operantes. Los individuos que ejercen su dominio con éxito pueden obtener acceso preferencial a recursos, oportunidades de apareamiento o estatus social, lo que refuerza sus comportamientos dominantes. Por otro lado, los subordinados pueden modificar su comportamiento para evitar la confrontación o ganarse el favor de los individuos dominantes, lo que refleja el impacto del condicionamiento operante en la dinámica social dentro de las comunidades animales.

Importancia del condicionamiento operante en la psicología del comportamiento

Una de las principales contribuciones del condicionamiento operante a la psicología conductual reside en su énfasis en las conductas observables y sus consecuencias. A diferencia de otras teorías psicológicas que se centran principalmente en los procesos cognitivos internos, el condicionamiento operante dirige la atención a los resultados medibles de la conducta. Este enfoque tangible y empírico ha facilitado el desarrollo de intervenciones y estrategias de tratamiento basadas en la evidencia en diversos entornos clínicos.

El condicionamiento operante ha sido fundamental para dilucidar la compleja relación entre la conducta y los estímulos ambientales. Al reconocer el papel de los factores externos en la configuración del comportamiento, los psicólogos pueden diseñar intervenciones específicas para modificar y reforzar las conductas adaptativas, minimizando al mismo tiempo las respuestas desadaptativas. Esto tiene amplias aplicaciones en la psicología clínica, la educación y la gestión del comportamiento organizacional.

Los principios del condicionamiento operante han sentado una base sólida para el desarrollo de terapias conductuales eficaces. Técnicas como el análisis conductual aplicado (ABA) han demostrado un éxito notable al abordar problemas conductuales en diversas poblaciones, incluyendo personas con trastornos del espectro autista, discapacidades del desarrollo y trastornos psiquiátricos. La aplicación sistemática de los principios del condicionamiento operante en las terapias conductuales ha mejorado significativamente la calidad de vida de muchas personas y ha impulsado avances en el campo de la atención sanitaria conductual.

Además, el estudio del condicionamiento operante ha contribuido a una comprensión más profunda de la motivación y los mecanismos de refuerzo, arrojando luz sobre los procesos subyacentes que impulsan y mantienen la conducta. Este conocimiento ha fundamentado el desarrollo de estrategias motivacionales en diversos campos, como la educación, la gestión empresarial y el entrenamiento deportivo, mejorando el rendimiento y cultivando patrones de comportamiento positivos.

Críticas iniciales y aceptación dentro de la comunidad científica

El condicionamiento operante, a pesar de sus contribuciones cruciales al campo de la psicología, enfrentó críticas iniciales y escepticismo dentro de la comunidad científica. Cuando surgió este enfoque conductista, cuestionó las nociones predominantes sobre el comportamiento y el aprendizaje humanos. Muchos psicólogos estaban acostumbrados a teorías centradas en impulsos e instintos innatos, y el condicionamiento operante representó una desviación radical de estas perspectivas tradicionales. Además, algunos críticos lo descartaron por simplista, argumentando que no explicaba las complejidades de la cognición y la emoción humanas.

Una crítica notable surgió de los psicólogos cognitivos, quienes sostenían que el condicionamiento operante ignoraba el papel de los procesos mentales en la configuración del comportamiento. Argumentaban que los individuos no solo responden a estímulos externos, sino que procesan activamente la información y toman decisiones basadas en sus pensamientos y creencias. Este debate desencadenó la perdurable «revolución cognitiva» en psicología, que enfatizó la importancia de los estados mentales internos e influyó significativamente en el desarrollo de las teorías psicológicas y las metodologías de investigación.

El condicionamiento operante encontró resistencia debido a las preocupaciones éticas en torno al uso del refuerzo y el castigo en la modificación de conducta. Los críticos cuestionaron la moralidad de emplear estos principios para influir en el comportamiento humano, especialmente en entornos educativos y clínicos. El posible uso indebido y abuso de las técnicas conductuales también generó inquietud sobre las implicaciones éticas de las prácticas de condicionamiento operante.

A pesar de estas críticas iniciales, el condicionamiento operante fue ganando aceptación en la comunidad científica a medida que se acumulaba evidencia empírica que respaldaba sus principios. Los investigadores del comportamiento demostraron su eficacia en diversos contextos, desde el entrenamiento con animales hasta las intervenciones terapéuticas. Mediante una experimentación meticulosa y la observación sistemática, proporcionaron evidencia contundente de su poder predictivo y su aplicabilidad práctica.

El continuo perfeccionamiento de los principios y metodologías del condicionamiento operante abordó muchas de las críticas previas. Los investigadores ampliaron su enfoque para abarcar elementos cognitivos dentro del marco del condicionamiento operante, conciliando así algunas de las disputas previas entre el conductismo y la psicología cognitiva. Además, se establecieron directrices y estándares éticos para regir el uso ético de las técnicas de condicionamiento operante, aliviando las preocupaciones sobre posibles daños o explotación.

Relevancia y contribuciones a las prácticas psicológicas modernas

En psicología clínica, las técnicas de condicionamiento operante se han utilizado en diversas intervenciones terapéuticas, en particular en programas de modificación de conducta y rehabilitación. Estas técnicas han sido eficaces para abordar diversos problemas de conducta, como adicciones, fobias y conductas antisociales. Mediante la aplicación sistemática de estrategias de refuerzo y castigo, los profesionales clínicos han logrado reestructurar conductas desadaptativas y reforzar cambios positivos en sus pacientes. Además, los principios del condicionamiento operante han fundamentado intervenciones basadas en la evidencia para personas con discapacidades del desarrollo, proporcionando marcos prácticos para la adquisición de habilidades y la autogestión. En el ámbito educativo, el condicionamiento operante ha sido fundamental para definir estrategias de enseñanza y técnicas de gestión del aula. Al comprender los principios del refuerzo y el modelado, los educadores han podido diseñar metodologías de enseñanza eficaces, mejorar la participación del alumnado y fomentar un entorno de aprendizaje propicio. Asimismo, los conceptos del condicionamiento operante han dilucidado la eficacia de los planes de gestión de la conducta para promover comportamientos deseables en el alumnado y frenar conductas indeseables. Los empleadores y las organizaciones también han aprovechado los principios del condicionamiento operante para moldear el comportamiento y el rendimiento en el lugar de trabajo. Mediante la implementación de sistemas de recompensas e incentivos basados en el rendimiento, las empresas han buscado motivar a sus empleados, reforzar los hábitos de trabajo deseados y cultivar una cultura de productividad. Además, el condicionamiento operante ha sentado las bases para comprender el comportamiento del consumidor y las estrategias de marketing, permitiendo a las empresas influir en sus elecciones y preferencias. A medida que el campo de la psicología continúa evolucionando, las contribuciones del condicionamiento operante siguen siendo indispensables para dilucidar las complejidades del comportamiento humano y guiar intervenciones basadas en la evidencia. Los avances tecnológicos y las metodologías de investigación continúan ampliando el alcance del condicionamiento operante, allanando el camino para aplicaciones innovadoras en diversos ámbitos psicológicos.

B.F. SKINNER - CONTEXTO HISTÓRICO Y ANTECEDENTES

Influencias tempranas y formación académica

Burrhus Frederic Skinner, conocido como B.F. Skinner, se vio influenciado por su crianza y experiencias educativas en la formación de sus enfoques teóricos en psicología. Nacido el 20 de marzo de 1904 en Susquehanna, Pensilvania, Skinner creció en un ambiente cálido e intelectualmente estimulante que fomentaba la curiosidad y la exploración. Sus padres, William y Grace Skinner, desempeñaron un papel fundamental en el fomento de su temprano interés por el aprendizaje y la indagación. Sus años de formación estuvieron marcados por la exposición a la literatura, la música y las discusiones filosóficas, lo que contribuyó enormemente al desarrollo de su mente inquisitiva.

La trayectoria académica de Skinner comenzó en el Hamilton College, donde inicialmente cursó una licenciatura en Literatura Inglesa. Sin embargo, su trayectoria académica dio un giro inesperado al interesarse por la psicología tras matricularse en un curso de psicología con el profesor William R. Hamilton. Esta experiencia despertó en Skinner su pasión por comprender el comportamiento humano y sirvió de catalizador para su posterior transición al campo de la psicología.

Tras sus estudios universitarios, Skinner continuó profundizando en la psicología, obteniendo una maestría en la Universidad de Harvard en 1930. Su estancia en Harvard le permitió conocer figuras influyentes como William James y E. B. Titchener, cuyas enseñanzas y filosofías influyeron significativamente en sus primeras conceptualizaciones del conductismo.

La exposición de Skinner a las obras de Iván Pávlov y John B. Watson durante sus estudios de posgrado avivó aún más su interés por la psicología conductual. Su investigación pionera allanó el camino para las contribuciones pioneras de Skinner al campo, proporcionando una base sólida para sus futuros proyectos en el análisis experimental del comportamiento.

Es evidente que los años de formación y las experiencias educativas de Skinner sentaron las bases de sus revolucionarias teorías en psicología. El carácter interdisciplinario de su formación y sus actividades académicas no solo ampliaron sus horizontes intelectuales, sino que también le inculcaron un profundo aprecio por la investigación empírica y el rigor científico. Estas primeras influencias sentaron las bases de la notable carrera de Skinner y el impacto perdurable de sus marcos teóricos en el campo de la psicología.

Incursión inicial en la psicología

La incursión inicial de Skinner en la psicología marcó el inicio de lo que posteriormente se convertiría en una carrera profundamente influyente en las ciencias del comportamiento. Tras completar sus estudios universitarios en el Hamilton College, Skinner se aventuró en el mundo de la literatura, explorando su pasión por la escritura como periodista y aspirante a novelista. Este período fue crucial para forjar su perspectiva única sobre el comportamiento humano, al profundizar en las complejidades del lenguaje y la expresión humana. Sin embargo, fue su ingreso al programa de psicología de la Universidad de Harvard lo que catapultó su transición al campo de la psicología experimental. Bajo la tutela de eminentes psicólogos como William James y E. B. Holt, Skinner perfeccionó su comprensión de los fenómenos psicológicos y los fundamentos del conductismo. Su contacto con las teorías pioneras de John B. Watson le inculcó un ferviente afán por desentrañar las complejidades del comportamiento humano mediante la observación empírica y la experimentación. Este período de inmersión académica sentó las bases para la dedicación de Skinner, que duraría toda la vida, a dilucidar los principios fundamentales del comportamiento y el aprendizaje.

Las primeras incursiones de Skinner en la psicología experimental se caracterizaron por una curiosidad inquebrantable y una tenacidad para explorar nuevas vías de investigación. Influenciado por el rigor científico defendido por sus mentores, Skinner emprendió una serie de investigaciones empíricas que buscaban discernir patrones observables en el comportamiento. Su compromiso con el floreciente campo de la psicología animal resultó decisivo para dar forma a sus contribuciones revolucionarias a la comprensión del condicionamiento operante. Las prodigiosas perspectivas obtenidas durante esta etapa de su trayectoria académica impulsaron su inquebrantable compromiso con la revolución del estudio del comportamiento y el desarrollo de un marco integral para el análisis conductual.

Liberado de los paradigmas convencionales, las primeras incursiones de Skinner en la psicología presagiaron su incansable búsqueda de la investigación científica y el rigor empírico. A medida que profundizaba en el entramado del comportamiento humano, su espíritu inquisitivo y su inclinación por la investigación sistemática se consolidaron, sentando una base sólida para sus innovadoras incursiones en los campos de la teoría del comportamiento y el condicionamiento operante. Esta fase de exploración formativa no solo dotó a Skinner de una profunda apreciación de la pertinencia de las contingencias ambientales en la configuración del comportamiento, sino que también infundió en sus trabajos académicos una determinación incansable por descifrar los mecanismos que sustentan la conducta humana. En última instancia, fue esta fase formativa la que sentó las bases para que Skinner emergiera como una figura pionera en los anales de la psicología del comportamiento.

Desarrollo de teorías del comportamiento

La exploración de B.F. Skinner sobre las complejidades del comportamiento surgió del deseo de crear un sistema integral para comprenderlo y predecirlo. Mediante observaciones y experimentos meticulosos, Skinner buscó descifrar los mecanismos subyacentes que impulsan las acciones y reacciones humanas.

Este esfuerzo marcó el inicio de su trabajo pionero en psicología conductual.

El profundo análisis de Skinner sobre la conducta comenzó con la observación de los estímulos externos y sus efectos en las respuestas de un organismo. Su investigación pionera reveló los principios fundamentales del condicionamiento clásico y operante, sentando las bases para una profunda transformación del pensamiento psicológico. Al estudiar rigurosamente la influencia de los refuerzos y los castigos en la conducta, Skinner descubrió verdades fundamentales sobre cómo los individuos aprenden y se adaptan a su entorno.

La dedicación de Skinner a la evidencia empírica y la investigación sistemática fue fundamental para el desarrollo de las teorías del comportamiento. Diseñó meticulosamente experimentos controlados para probar y validar sus hipótesis, lo que consolidó el rigor científico que sustentaba sus contribuciones a la psicología. Mediante estas investigaciones empíricas, Skinner dilucidó los principios de la modelación del comportamiento mediante refuerzos positivos y negativos, alterando radicalmente la comprensión convencional del comportamiento humano.

El enfoque de Skinner en la conducta operante de los organismos amplió los horizontes de la psicología conductual. Su innovadora investigación arrojó luz sobre la compleja interacción entre la conducta y sus consecuencias, lo que condujo a un profundo conocimiento de los mecanismos que rigen el comportamiento humano y animal. Al delinear la dinámica de los programas de reforzamiento y su impacto en la conducta, Skinner demostró la naturaleza del condicionamiento conductual, estableciendo un cambio de paradigma en los paradigmas psicológicos.

El desarrollo de las teorías conductuales de Skinner trascendió el ámbito académico, permeando diversos ámbitos como la educación, la terapia y la gestión organizacional. Sus influyentes conceptos proporcionaron marcos prácticos para moldear la conducta, impulsando la evolución de métodos de enseñanza e intervenciones terapéuticas eficaces. La amplia aplicación de las teorías de Skinner puso de relieve su impacto transformador en diversas facetas de la interacción humana y la dinámica social.

El surgimiento de la teoría del condicionamiento operante

El trabajo de Skinner en los Laboratorios Psicológicos de Harvard marcó un hito en el desarrollo de la teoría y la experimentación psicológicas. Su incursión en la investigación de los principios del condicionamiento operante se basó en un enfoque meticuloso de observación y recopilación de datos. Su meticulosa atención al detalle y la precisión de sus técnicas experimentales propiciaron el surgimiento de la teoría del condicionamiento operante, que desafió radicalmente la creencia popular sobre el comportamiento y el aprendizaje humanos. Al profundizar en la dinámica de las respuestas conductuales, Skinner postuló que el comportamiento se ve moldeado por sus consecuencias, enfatizando el papel del refuerzo y el castigo en la modelación de las acciones individuales. Este cambio de paradigma pionero sentó las bases para una nueva era en la investigación psicológica, dilucidando la interacción sutil entre los factores ambientales y los resultados conductuales. La investigación pionera de Skinner no solo reforzó el rigor empírico de la investigación psicológica, sino que también ofreció aplicaciones prácticas en diversos ámbitos, transformando el panorama de la psicología y la educación. El surgimiento de la teoría del condicionamiento operante generó un rico abanico de hallazgos experimentales y constructos teóricos, revelando las complejidades de la modificación y el modelado de la conducta. Mediante la exploración sistemática y la experimentación rigurosa, Skinner desveló los mecanismos subyacentes que rigen las acciones voluntarias, allanando el camino para una comprensión integral del comportamiento humano y animal. El profundo impacto de la teoría del condicionamiento operante trascendió el ámbito académico y se extendió a campos como el comportamiento organizacional, la terapia clínica y el entrenamiento animal.

Publicaciones y obras significativas

A lo largo de su carrera, B.F. Skinner realizó contribuciones pioneras en el campo de la psicología a través de sus importantes publicaciones y obras influyentes. Su extensa obra no solo ha marcado la evolución de la psicología conductual, sino que también ha tenido un profundo impacto en diversas disciplinas. Una de sus publicaciones más reconocidas es su obra fundamental "El comportamiento de los organismos" (1938), donde sentó las bases teóricas del condicionamiento operante. Esta obra revolucionó la comprensión del comportamiento y sentó las bases para el desarrollo de análisis conductuales aplicados en diversos campos. Posteriormente, Skinner publicó "Walden Two" (1948), una novela utópica de ficción que exploraba la aplicación práctica de los principios conductuales en la organización y el gobierno de la sociedad. Los conceptos que invitan a la reflexión y que se presentan en esta obra suscitaron un amplio debate sobre las posibilidades de las sociedades diseñadas conductualmente. Otro hito en el legado literario de Skinner es "Ciencia y comportamiento humano" (1953), que profundizó en los fundamentos empíricos y filosóficos del conductismo como marco científico. Además, su obra maestra, "Más allá de la libertad y la dignidad" (1971), cuestionó las nociones tradicionales de libre albedrío y responsabilidad moral, presentando una perspectiva controvertida sobre el comportamiento humano y la sociedad. Además de estos escritos fundamentales, Skinner fue autor de numerosos artículos y ensayos académicos que profundizaron en temas que abarcaban desde los mecanismos del condicionamiento operante hasta las implicaciones éticas de las intervenciones conductuales. Además, sus ingeniosas contribuciones trascendieron el ámbito de las publicaciones tradicionales, con el diseño de aparatos experimentales como la "Caja de Skinner", que impactaron profundamente la metodología de la investigación psicológica.

Influencia en la psicología contemporánea

La influencia de B.F. Skinner en la psicología contemporánea es profunda y de gran alcance. Una de sus contribuciones más significativas radica en la configuración del movimiento conductista y el fomento de una comprensión más profunda del comportamiento humano mediante observaciones empíricas y análisis sistemáticos. Su énfasis en las conductas observables y los factores ambientales generó un cambio de paradigma en la investigación psicológica, sentando las bases para el desarrollo de técnicas de modificación de conducta y el análisis conductual aplicado. Estas aplicaciones prácticas han encontrado un amplio uso en diversos ámbitos, como la educación, la psicología clínica y la gestión del comportamiento organizacional. Además, la defensa de Skinner del determinismo en el comportamiento, rechazando el papel de la introspección y las explicaciones mentalistas, ha estimulado debates continuos sobre la naturaleza de la agencia humana y la interacción entre la genética, el entorno y las conductas aprendidas. Asimismo, su trabajo ha tenido un impacto profundo en el estudio del comportamiento animal, influyendo en la etología y la psicología comparada. Al dilucidar los principios del condicionamiento operante, Skinner estableció un marco para comprender cómo los organismos aprenden y se adaptan a su entorno, enriqueciendo así la comprensión más amplia de los procesos de aprendizaje. Sus contribuciones experimentales y teóricas siguen siendo un terreno fértil para la investigación contemporánea, moldeando campos como la psicología cognitiva, la psicología del desarrollo y la economía del comportamiento. Además, el trabajo pionero de Skinner en el diseño de entornos controlados y la modelación del comportamiento mediante programas de refuerzo ha impulsado avances en metodologías experimentales y entornos de laboratorio, trascendiendo los campos de la psicología hacia otras disciplinas como la neurociencia y la interacción persona-computadora. El legado perdurable de la erudición de Skinner trasciende las actividades académicas y permea la cultura popular, donde conceptos como el refuerzo positivo y la modificación de conducta han penetrado el discurso público y las prácticas cotidianas, sustentando enfoques de crianza, docencia y gestión organizacional.

Colaboraciones y grandes proyectos de investigación

Una de las colaboraciones clave de B.F. Skinner fue la de su colega y esposa, Yvonne Blue Skinner, quien desempeñó un papel fundamental al apoyar y contribuir a su trabajo pionero. Juntos, llevaron a cabo una extensa investigación sobre el condicionamiento operante y sus aplicaciones, explorando los mecanismos de modificación de conducta y los programas de refuerzo.

Los esfuerzos colaborativos de Skinner trascendieron el ámbito académico, ya que colaboró activamente con diversos académicos, psicólogos e investigadores para investigar diversos aspectos del comportamiento humano. Cabe destacar que su colaboración con figuras destacadas en el campo condujo al desarrollo de técnicas innovadoras y diseños experimentales que revolucionaron la comprensión del condicionamiento operante y sus implicaciones prácticas.

Skinner lideró varios proyectos de investigación importantes que dejaron una huella imborrable en la disciplina. Sus estudios pioneros profundizaron en temas como la terapia conductual, el aprendizaje animal y la aplicación de los principios del condicionamiento operante en situaciones reales. Estas ambiciosas iniciativas no solo ampliaron el conocimiento de la psicología conductual, sino que también sentaron las bases para numerosas intervenciones terapéuticas y estrategias educativas.

Además de sus contribuciones individuales, la colaboración de Skinner con instituciones y organizaciones destacadas a nivel mundial amplificó el impacto de su investigación. Su participación en iniciativas multidisciplinarias facilitó la integración de los principios del comportamiento en diversos campos, desde la educación y la atención médica hasta la gestión organizacional y las políticas públicas. Este enfoque holístico resaltó el compromiso de Skinner con el avance de los campos prácticos y teóricos de la ciencia del comportamiento mediante la experiencia colectiva y los recursos compartidos.

Premios, reconocimientos y legado

El trabajo pionero de Skinner en el campo de la psicología conductual ha sido ampliamente reconocido y celebrado, lo que le ha valido numerosos galardones, premios y honores a lo largo de su ilustre carrera. Su galardón más prestigioso fue la Medalla Nacional de Ciencias, que recibió del presidente Lyndon B. Johnson en 1968. Este prestigioso galardón destacó las importantes contribuciones de Skinner al avance de la ciencia del comportamiento y consolidó su posición como figura destacada en este campo. Además de la Medalla Nacional de Ciencias, Skinner también recibió el Premio a la Contribución Científica Distinguida de la Asociación Americana de Psicología (APA) por su investigación pionera en condicionamiento operante y análisis del comportamiento. Este reconocimiento subrayó aún más el impacto duradero del trabajo de Skinner en la ciencia y la práctica psicológicas. Asimismo, la perdurable influencia de Skinner queda patente en la creación de la Fundación B.F. Skinner, una organización dedicada a preservar y promover su legado. La fundación sirve como testimonio del impacto perdurable de Skinner y su compromiso con el avance de la comprensión del comportamiento humano. Más allá de los reconocimientos y las organizaciones, el legado de Skinner se refleja en la amplia aplicación de sus teorías en diversos campos, como la educación, la terapia y el adiestramiento animal. Sus técnicas y principios innovadores han tenido una profunda influencia en el desarrollo de métodos de enseñanza eficaces, estrategias de modificación de conducta e intervenciones terapéuticas. Aunque Skinner enfrentó críticas y controversias durante su vida, su legado continúa moldeando el panorama de la psicología moderna y sigue siendo una piedra angular de la investigación y la práctica conductual.

Desafíos enfrentados y críticas

A lo largo de su carrera, B.F. Skinner se enfrentó a numerosos desafíos y críticas que moldearon el discurso en torno a su trabajo en psicología conductual. Uno de los principales desafíos que enfrentó Skinner fue la resistencia de los psicólogos tradicionales, escépticos ante su enfoque conductista radical, centrado exclusivamente en la conducta observable y evitando el estudio de los procesos mentales internos. Esto generó una gran tensión en la comunidad académica y obstaculizó la aceptación generalizada de las teorías de Skinner. Además, algunos críticos expresaron su preocupación por las implicaciones éticas de las técnicas de modificación de conducta que proponía Skinner, especialmente en el contexto de ámbitos aplicados como la educación y la terapia. El potencial de mal uso y coerción en la aplicación de métodos de condicionamiento operante se convirtió en un punto de discordia entre académicos y profesionales. Además, el rechazo de Skinner al libre albedrío y el énfasis en los determinantes ambientales del comportamiento atrajeron críticas de psicólogos humanistas y existencialistas que defendían la importancia de la agencia individual y la autonomía personal. Esta divergencia filosófica suscitó debates sobre la naturaleza humana y las implicaciones de las perspectivas deterministas en el comportamiento humano. Otro desafío notable que enfrentó Skinner fue la dificultad de conciliar su marco determinista con las complejidades del comportamiento humano, incluyendo la creatividad, la autoexpresión y la motivación intrínseca. Los críticos argumentaron que el condicionamiento operante no lograba tener plenamente en cuenta estos aspectos de la experiencia humana, lo que limitaba su capacidad explicativa y predictiva.

PRINCIPIOS FUNDAMENTALES Y CONCEPTOS CLAVE

La definición de conducta en el condicionamiento operante

1. Conceptualización de la conducta en marcos psicológicos:

La conducta, en el contexto del condicionamiento operante, está profundamente arraigada en diversos marcos psicológicos que buscan conceptualizar y comprender su dinámica. Uno de estos enfoques es la perspectiva conductista, que enfatiza las conductas observables y su asociación con estímulos externos. Esta perspectiva, defendida por figuras como B.F. Skinner, se centra en cómo los factores ambientales moldean la conducta mediante procesos de refuerzo y castigo. Asimismo, el enfoque cognitivo-conductual profundiza en la interacción entre pensamientos, emociones y conductas, destacando el papel de los procesos cognitivos en la configuración de las acciones individuales. Por otro lado, la perspectiva psicodinámica, popularizada por Sigmund Freud, profundiza en la influencia de las pulsiones inconscientes y las experiencias pasadas en la conducta, ofreciendo una perspectiva más introspectiva. La psicología evolutiva contribuye explorando cómo las conductas pueden haber evolucionado para conferir ventajas adaptativas a los individuos. Estos diversos enfoques psicológicos profundizan la comprensión de la conducta dentro del condicionamiento operante, proporcionando valiosas perspectivas sobre la naturaleza multifacética de la dinámica conductual. Además, estos conceptos subrayan la importancia de considerar no solo las acciones observables, sino también los procesos mentales subyacentes y el contexto histórico que influyen y definen la conducta. Al integrar estos enfoques, se puede mejorar el condicionamiento operante para tener en cuenta la compleja interacción entre factores biológicos, cognitivos, emocionales y ambientales en la configuración del comportamiento.

2. Perspectivas históricas sobre la definición del comportamiento:

El concepto de comportamiento ha sido un foco de investigación en diversas tradiciones intelectuales, desde la filosofía hasta la psicología. En la antigüedad clásica, el discurso filosófico sobre el comportamiento humano se entrelazaba con consideraciones morales y éticas, como lo demuestran las obras de filósofos como Platón y Aristóteles. La noción de habituación y su influencia en el comportamiento cobraron relevancia en los escritos de estos antiguos eruditos, sentando las bases para una comprensión fundamental de los patrones de comportamiento.

Con la llegada de la psicología moderna, la conceptualización del comportamiento experimentó transformaciones fundamentales. Los métodos introspectivos del estructuralismo dieron paso al rigor experimental del conductismo, encabezado por figuras como Iván Pávlov, John B. Watson y B.F. Skinner. Los conductistas enfatizaron el estudio objetivo de las conductas observables, evitando los procesos mentales internos y centrándose en los estímulos ambientales que moldean las acciones. Este cambio marcó una ruptura decisiva con los enfoques filosóficos e introspectivos anteriores para comprender la conducta humana.

A lo largo del siglo XX, la psicología experimentó un auge sin precedentes en la investigación dedicada a desentrañar las complejidades del comportamiento. Cabe destacar que las contribuciones de los conductistas han dilucidado la relación entre estímulo y respuesta, allanando el camino para el condicionamiento operante como principio fundamental en la modelación del comportamiento. La exploración sistemática de cómo las consecuencias influyen en la probabilidad de recurrencia del comportamiento ha sido fundamental para perfeccionar nuestra comprensión de la dinámica del comportamiento.

La narrativa histórica subraya la naturaleza interdisciplinaria de los estudios del comportamiento, abarcando campos como la neurociencia, la etología y la psicología cognitiva. Los investigadores han buscado integrar hallazgos de diversas disciplinas para construir un marco integral que describa la naturaleza multifacética del comportamiento. Esta convergencia de corrientes de conocimiento ha enriquecido la trayectoria histórica de las definiciones del comportamiento, fomentando un enfoque más matizado y holístico para comprender las complejidades del comportamiento humano y animal.

A pesar de los cambios de paradigma y los avances metodológicos, las perspectivas históricas nos recuerdan la búsqueda constante por capturar la esencia del comportamiento.

3. Características fundamentales de la conducta operante:

La conducta operante abarca un conjunto diverso de características que definen su naturaleza y dinámica. En esencia, se refiere a las acciones y respuestas que produce un organismo, las cuales operan sobre el entorno circundante y son fundamentales para obtener los resultados deseados o reforzar las consecuencias. Una característica clave de la conducta operante es su naturaleza voluntaria, lo que implica que los individuos realizan estas conductas deliberadamente, basándose en su criterio y evaluación de las contingencias situacionales. A diferencia de las conductas reflexivas o involuntarias, las conductas operantes están bajo control consciente y se ven influenciadas por los resultados percibidos asociados a ellas. Esta voluntariedad introduce un nivel de complejidad en la comprensión de la conducta, ya que requiere una exploración de los aspectos cognitivos y motivacionales que impulsan dichas acciones. Además, las conductas operantes presentan variabilidad y no son de naturaleza estereotipada. A diferencia de las conductas reflexivas, que tienden a ser relativamente fijas y predecibles, las conductas operantes manifiestan un grado de flexibilidad y adaptabilidad determinado por las circunstancias ambientales y las experiencias de aprendizaje previas. Esta variabilidad inherente refleja la naturaleza operante de estas conductas, destacando su sensibilidad a las señales contextuales y a los programas de refuerzo. Además, las conductas operantes dependen de las consecuencias que producen, cuya frecuencia aumenta o disminuye según la naturaleza del resultado. Esta relación contingente entre conducta y consecuencia constituye la base del condicionamiento operante y subraya la modificabilidad de la conducta mediante la manipulación adecuada del refuerzo y el castigo. Otra característica fundamental de la conducta operante es su susceptibilidad a la modelación y modificación mediante intervenciones sistemáticas, lo que pone de relieve su naturaleza maleable en respuesta a influencias externas.

4. Conductas involuntarias y volitivas:

Las conductas involuntarias son aquellas que ocurren sin control ni intención consciente, a menudo como resultado de reflejos o respuestas automáticas a estímulos del entorno. Ejemplos de conductas involuntarias incluyen acciones reflejas como parpadear, estornudar o estremecerse en respuesta a estímulos repentinos. Estas conductas no están sujetas a los mismos principios operantes que las conductas volitivas. Por otro lado, las conductas volitivas son acciones intencionadas iniciadas conscientemente e intencionadamente. Estas conductas están bajo el control del individuo y se ven influenciadas por sus objetivos, motivaciones y señales ambientales. Las conductas volitivas a menudo implican procesos de toma de decisiones y pueden moldearse y modificarse mediante técnicas de condicionamiento operante. Comprender la distinción entre estos dos tipos de conductas es esencial para diseñar intervenciones conductuales eficaces y comprender las complejidades del comportamiento humano y animal. También es importante reconocer que algunas conductas pueden presentar elementos tanto de involuntariedad como de volición, lo que resalta aún más la naturaleza de la conducta y la necesidad de análisis matizados. Además, reconocer y categorizar las conductas según su voluntariedad puede ayudar a identificar estrategias de intervención adecuadas y a comprender los mecanismos subyacentes que impulsan las respuestas conductuales. Esta diferenciación también subraya la naturaleza multifacética del condicionamiento operante, ya que aborda no solo las manifestaciones externas de la conducta, sino también los procesos cognitivos internos y los factores motivacionales que influyen en las conductas volitivas. Por lo tanto, una investigación sobre el impacto diferencial del refuerzo y el castigo en estas distintas categorías de conducta puede ofrecer información valiosa sobre cómo las contingencias ambientales interactúan con las variables cognitivas y motivacionales para moldear los repertorios conductuales. En general, comprender los matices de las conductas involuntarias y volitivas es fundamental para el estudio integral del condicionamiento operante y proporciona una base sólida para promover un cambio conductual significativo y mejorar los resultados en diversos ámbitos, como la educación, la psicología clínica y la gestión organizacional.

5. Repertorios conductuales - Alcance y limitaciones:

El concepto de repertorios conductuales abarca la gama de comportamientos que un individuo u organismo es capaz de exhibir en respuesta a diversos estímulos y señales ambientales. Comprender el alcance y las limitaciones de los repertorios conductuales es crucial en el contexto del condicionamiento operante, ya que influye directamente en el potencial de modificación y aprendizaje de la conducta. Desde un punto de vista teórico, los repertorios conductuales reflejan la diversidad conductual de los individuos, abarcando tanto los comportamientos innatos como los aprendidos. Esta diversidad se ve influenciada por predisposiciones genéticas, experiencias tempranas e interacciones ambientales continuas. Es esencial reconocer que los repertorios conductuales no son entidades estáticas, sino dinámicas y sujetas a cambios con el tiempo. Si bien esta adaptabilidad permite flexibilidad para responder a nuevos desafíos y entornos, también plantea ciertas limitaciones. Una de ellas es la posible estrechez o inflexibilidad del repertorio de un individuo, lo que puede dificultar su capacidad para adaptarse a situaciones novedosas o adquirir nuevos comportamientos. Además, la existencia de conductas desadaptativas o disfuncionales en el repertorio de un individuo puede afectar su funcionamiento y bienestar general. En el contexto del condicionamiento operante, el alcance de los repertorios conductuales determina la gama de conductas disponibles para refuerzo o modificación. Esto tiene implicaciones para moldear las conductas deseadas y eliminar las no deseadas. Comprender las limitaciones de los repertorios conductuales es esencial para identificar posibles barreras al cambio de conducta y desarrollar estrategias de intervención específicas. Asimismo, reconocer la influencia de factores situacionales, como los factores estresantes o las limitaciones ambientales, en la expresión de conductas específicas es fundamental para comprender los límites de los repertorios conductuales. Al reconocer estas limitaciones, los profesionales e investigadores pueden adaptar las intervenciones conductuales para abordar eficazmente las necesidades individuales y promover patrones de comportamiento adaptativos. La exploración de los repertorios conductuales se extiende más allá del nivel individual para abarcar las variaciones de comportamiento específicas de cada especie y de la cultura. Esta perspectiva más amplia reconoce la interacción entre los factores biológicos y ambientales en la configuración de los repertorios conductuales en diversos contextos.

6. Criterios observables y medibles para definir el comportamiento:

Al definir la conducta en el contexto del condicionamiento operante, es fundamental establecer criterios observables y medibles que puedan aplicarse de forma consistente en diversos entornos. Los criterios observables se refieren a las acciones, reacciones o respuestas perceptibles para un observador externo, mientras que los criterios medibles abarcan aspectos cuantificables de la conducta, como la frecuencia, la duración y la intensidad. Estos criterios sirven de base para la operacionalización de la conducta, permitiendo a investigadores y profesionales describir, analizar y modificar con precisión los patrones de conducta. Al emplear criterios observables y medibles, se mitiga la ambigüedad que suele asociarse con las interpretaciones subjetivas de la conducta, lo que contribuye al estudio y la aplicación sistemáticos de los principios del condicionamiento operante. Un aspecto central del proceso de definición de la conducta es la identificación exhaustiva de acciones o respuestas específicas pertinentes al individuo o sujeto examinado. Esto implica la delimitación precisa de categorías conductuales, incluyendo tanto las conductas manifiestas, directamente observables, como las encubiertas, que pueden requerir técnicas de medición indirecta. Además, determinar el marco temporal y el contexto adecuados en los que se evaluará la conducta es crucial para establecer una definición conductual fiable y completa. Además, discernir los antecedentes y las consecuencias que preceden y siguen al comportamiento de interés mejora aún más el proceso de operacionalización, abarcando una comprensión holística de la dinámica del comportamiento. Como el condicionamiento operante enfatiza la influencia de las contingencias ambientales en el comportamiento, elucidar la relación funcional entre estímulos, respuestas y reforzadores/castigadores se vuelve integral para la formulación de criterios observables y medibles. En la práctica, se pueden aprovechar diversos instrumentos y metodologías, como listas de verificación de comportamiento, observación directa, evaluación ecológica momentánea y medidas psicofisiológicas, para capturar datos de comportamiento de manera válida y confiable. El desarrollo de protocolos estandarizados para registrar e interpretar observaciones de comportamiento ayuda a garantizar la consistencia y la objetividad en el proceso de evaluación. Es importante reconocer que el establecimiento de criterios observables y medibles puede encontrar desafíos cuando se trata de comportamientos complejos o abstractos, lo que requiere enfoques innovadores y colaboración interdisciplinaria. Además, las consideraciones relacionadas con la confiabilidad entre evaluadores, la validez y las implicaciones éticas subrayan la necesidad de rigor y diligencia a la hora de definir el comportamiento en el marco del condicionamiento operante.

7. La conducta en función de sus consecuencias:

La conducta en función de sus consecuencias explica cómo las acciones de un organismo se moldean y se mantienen a través de los resultados ambientales. Esta teoría postula que la conducta está funcionalmente relacionada con sus consecuencias, que pueden ser reforzantes o punitivas. El reforzamiento aumenta la probabilidad de recurrencia de una conducta, mientras que el castigo la disminuye. Este principio se basa en el influyente trabajo de B.F. Skinner, quien enfatizó el papel central de las consecuencias en la regulación y modificación de la conducta. En la base de este concepto se encuentra la noción de que los organismos aprenden a través de los resultados de sus acciones, ajustando así sus futuras respuestas conductuales. Al examinar la naturaleza de estas consecuencias, se hace evidente que ejercen una influencia significativa sobre la dinámica de la conducta. Un análisis más profundo de este principio revela la dicotomía entre el refuerzo positivo y el negativo: el refuerzo positivo implica la presentación de un estímulo deseable tras una conducta, reforzándola, mientras que el refuerzo negativo implica la eliminación de un estímulo aversivo, lo que también aumenta la probabilidad de recurrencia de la conducta. De manera similar, los mecanismos de castigo implican presentar una consecuencia indeseable (castigo positivo) o eliminar un estímulo favorable (castigo negativo), disminuyendo así la probabilidad de que la conducta se repita. Estas interacciones dinámicas entre la conducta y sus consecuencias subrayan las complejidades de la dinámica conductual. Además, la aplicabilidad de este concepto se extiende más allá del comportamiento individual para abarcar entornos sociales y organizacionales. Comprender cómo las consecuencias influyen en la conducta permite diseñar estrategias eficaces para moldear las conductas deseadas y frenar las desadaptativas.

8. Modelos teóricos notables de la dinámica del comportamiento:

La dinámica del comportamiento es una interacción compleja de numerosos factores, y los modelos teóricos proporcionan un marco para comprender y predecir patrones de comportamiento. Un modelo teórico destacado es la Teoría del Aprendizaje Social propuesta por Albert Bandura, que enfatiza el papel de la observación y la imitación en la formación del comportamiento. Este modelo postula que los individuos aprenden observando a otros y que los comportamientos a menudo se adquieren mediante el modelado. El concepto de determinismo recíproco de Bandura, que destaca la influencia mutua de los factores personales, el comportamiento y el entorno, constituye un aspecto fundamental de esta teoría. La Teoría del Aprendizaje Social tiene implicaciones significativas para comprender cómo los individuos adquieren nuevos comportamientos y cómo estos se refuerzan o extinguen en función de las consecuencias observadas. Otro modelo teórico destacado es la Teoría Cognitivo-Conductual, que integra los procesos cognitivos con los principios conductuales para explicar el comportamiento humano. Este modelo enfatiza el papel de la evaluación cognitiva, la autorregulación y los sistemas de creencias en la influencia de los patrones de comportamiento. La Teoría Cognitivo-Conductual también destaca la importancia de los refuerzos y castigos ambientales en la formación del comportamiento. Además, la Teoría del Comportamiento Planificado, desarrollada por Icek Ajzen, se centra en la influencia de las actitudes, las normas subjetivas y el control conductual percibido en la determinación de las intenciones conductuales. Este modelo afirma que la intención de un individuo de realizar una conducta es un fuerte predictor del desempeño conductual real. Comprender estos notables modelos teóricos ofrece valiosas perspectivas sobre la naturaleza multifacética de la dinámica conductual y sienta las bases para diseñar intervenciones y estrategias eficaces para la modificación de la conducta.

9. Integración de factores biológicos en las definiciones conductuales:

El estudio de las definiciones conductuales dentro del condicionamiento operante implica necesariamente la incorporación de factores biológicos para comprender integralmente las complejidades de la conducta. Los fundamentos biológicos desempeñan un papel crucial en la configuración e influencia de la conducta, y su integración en las definiciones conductuales puede proporcionar información valiosa sobre los mecanismos que rigen el condicionamiento operante.

Los procesos neurobiológicos constituyen la base fundamental para comprender las definiciones conductuales en el marco del condicionamiento operante. La interacción entre neurotransmisores, circuitos neuronales y estructuras cerebrales influye significativamente en el repertorio conductual de un individuo. Por ejemplo, el sistema dopaminérgico se ha vinculado a los procesos de reforzamiento, lo que pone de relieve los fundamentos neurobiológicos de las respuestas conductuales a los estímulos reforzantes. Comprender los sustratos neuronales de la conducta es esencial para desarrollar definiciones matizadas que abarquen tanto las dimensiones psicológicas como biológicas del condicionamiento operante.

Las predisposiciones genéticas contribuyen a las diferencias individuales observadas en las respuestas conductuales, lo que hace necesaria su incorporación en las definiciones conductuales. La investigación en genética conductual ha dilucidado la heredabilidad de ciertos rasgos conductuales, lo que subraya la necesidad de considerar las influencias genéticas al definir y analizar la conducta dentro de los paradigmas del condicionamiento operante. Al integrar factores genéticos en las definiciones conductuales, investigadores y profesionales pueden obtener una comprensión más completa de la variabilidad de las respuestas individuales a los estímulos operantes, refinando así las definiciones e intervenciones conductuales.

Además de las influencias neurobiológicas y genéticas, en las definiciones conductuales debe considerarse el papel de los mecanismos fisiológicos en la configuración de las respuestas conductuales. Factores como las fluctuaciones hormonales, los procesos metabólicos y la actividad del sistema nervioso autónomo pueden influir profundamente en las tendencias conductuales de un individuo. Considerar estos factores fisiológicos en las definiciones conductuales garantiza un enfoque holístico para comprender el comportamiento, abarcando la interacción entre los determinantes biológicos, psicológicos y ambientales.

10. Desafíos y debates en la definición de la conducta operante:

Uno de los principales desafíos para definir la conducta operante surge de la subjetividad inherente a la identificación y categorización de las conductas dentro del marco del condicionamiento operante. A diferencia de los procesos fisiológicos, que pueden medirse objetivamente, las conductas suelen verse influenciadas por percepciones individuales, normas culturales y factores contextuales, lo que dificulta la elaboración de definiciones universalmente aplicables. Esta subjetividad da lugar a debates continuos sobre los criterios para definir y clasificar las conductas operantes.

Otro desafío importante gira en torno a la naturaleza contextual del comportamiento y el papel de los factores situacionales en la configuración y determinación de las respuestas conductuales. La interacción dinámica entre un organismo y su entorno complica el proceso de aislar y definir comportamientos específicos, ya que estos pueden manifestarse de forma diferente en diversos contextos. Además, la influencia de las variables culturales, sociales y ambientales añade complejidad a la tarea de delinear los comportamientos operantes, lo que genera desacuerdos y debates sobre la generalización de los comportamientos definidos en diversos entornos.

El concepto de intencionalidad y volición en las conductas operantes ha sido objeto de debate. Mientras que algunos académicos enfatizan el aspecto volitivo de las conductas operantes, atribuyéndolas a acciones conscientes dirigidas a un objetivo, otros argumentan que muchas conductas ocurren de forma involuntaria o refleja, difuminando así la distinción entre conductas operantes y respondientes. Este debate tiene implicaciones para la delimitación precisa de las conductas operantes y los criterios utilizados para diferenciarlas de otros tipos de respuestas conductuales.

Además, las consideraciones éticas en torno a la definición de conducta operante han suscitado debates en el campo. A medida que los investigadores se esfuerzan por aclarar y categorizar las conductas con fines experimentales y terapéuticos, surgen preguntas sobre el posible impacto de estas definiciones en la autonomía, la dignidad y los derechos de las personas. Los debates éticos se centran en cuestiones como la clasificación y la patologización de las conductas, especialmente en el contexto de las intervenciones de salud mental y educativas, lo que da lugar a reflexiones críticas sobre las implicaciones sociales de la definición de las conductas operantes.

El papel del entorno en la formación del comportamiento

1. Influencias ambientales en los patrones de comportamiento:

La interacción entre los organismos y su entorno desempeña un papel fundamental en la formación y modificación del comportamiento. Las influencias ambientales abarcan una amplia gama de factores, como el entorno físico, las interacciones sociales, las normas culturales y los contextos situacionales. Esta compleja interacción entre los individuos y su entorno contribuye significativamente al desarrollo y la expresión de patrones de comportamiento. Además, los estímulos ambientales pueden evocar respuestas tanto manifiestas como encubiertas en los individuos, moldeando así su repertorio conductual. Al analizar la relación recíproca entre los organismos y su entorno, los investigadores comprenden mejor los procesos mediante los cuales las variables ambientales influyen en los resultados conductuales. Los matices de las influencias ambientales en el comportamiento se ven subrayados por su papel en la mediación de los programas de refuerzo y las contingencias de respuesta. Estas variables ambientales, cuando se manipulan cuidadosamente, pueden servir como potentes herramientas para instigar y mantener respuestas conductuales específicas. Asimismo, el comportamiento adaptativo a los cambios ambientales resalta la naturaleza dinámica de esta relación, ya que los individuos ajustan continuamente sus estrategias conductuales en respuesta a las cambiantes demandas ambientales. El control de estímulos, un concepto crucial en el análisis del comportamiento, explica cómo las señales ambientales regulan y modulan las respuestas conductuales, lo que subraya la profunda influencia del entorno en la configuración del comportamiento. Fundamentalmente, el diseño de entornos puede adaptarse para obtener los resultados conductuales deseados, como lo demuestran las aplicaciones exitosas de la ingeniería ambiental en diversos entornos. Los estudios de caso que documentan el impacto de las variables ambientales en el comportamiento proporcionan valiosa evidencia empírica que respalda el papel fundamental del entorno en la configuración de patrones de comportamiento.

2. La interacción entre los organismos y su entorno:

La interacción entre los organismos y su entorno es fundamental para el análisis del comportamiento en el condicionamiento operante. Esta interacción implica una interacción compleja entre el comportamiento de un organismo y el entorno circundante, que abarca factores físicos, sociales y situacionales. Los organismos responden a su entorno mediante diversos patrones de comportamiento, influenciados por estímulos, refuerzos y el contexto más amplio en el que se desenvuelven. Comprender esta interacción proporciona información valiosa sobre cómo se moldea y modifica el comportamiento.

En el centro de esta interacción se encuentra el concepto de determinismo recíproco, propuesto por el psicólogo Albert Bandura. El determinismo recíproco sugiere que el comportamiento, los factores ambientales y las características personales se influyen mutuamente de forma continua. Esto significa que los individuos no solo responden a los estímulos ambientales, sino que también moldean y modifican activamente su entorno a través de sus acciones, creando una relación dinámica entre el organismo y el entorno. A su vez, el entorno proporciona retroalimentación y consecuencias que influyen aún más en el comportamiento del individuo, dando lugar a un ciclo continuo de interacción.

El concepto de conducta operante enfatiza que la conducta de un organismo influye en su entorno, generando consecuencias que pueden reforzarla o suprimirla. Además, esta comprensión nos permite manipular las condiciones ambientales para facilitar los resultados conductuales deseados.

El entorno de un organismo abarca tanto el entorno físico como el contexto social en el que opera. Los estímulos ambientales, como las recompensas y los castigos, desempeñan un papel fundamental en la configuración del comportamiento de un organismo. Además, el entorno social, incluyendo las interacciones con congéneres y cuidadores, influye en el aprendizaje y el desarrollo conductual de un organismo. Por lo tanto, es esencial considerar la naturaleza multifacética del entorno de un organismo al analizar los patrones de comportamiento.

La interacción entre los organismos y su entorno no se limita a las experiencias inmediatas. El contexto ecológico más amplio, que abarca factores culturales, sociales e históricos, también ejerce una profunda influencia en los patrones de comportamiento. Esto subraya la importancia de considerar las influencias ambientales a nivel macro que contribuyen a moldear el comportamiento, proporcionando una perspectiva holística de la interacción entre los organismos y su entorno.

3. La importancia del contexto en el análisis del comportamiento:

En el análisis del comportamiento, la importancia del contexto es fundamental, ya que abarca los factores ambientales, sociales y situacionales que influyen en las acciones y reacciones de un individuo. El entorno inmediato y las señales situacionales interactúan con el estado psicológico y fisiológico del individuo, creando un contexto único para cada comportamiento observado. Comprender la influencia del contexto permite a investigadores y profesionales comprender mejor los antecedentes y las consecuencias que configuran el comportamiento. Además, reconocer la naturaleza multifacética del contexto arroja luz sobre cómo diferentes entornos pueden generar respuestas diversas en los individuos. Un examen exhaustivo del contexto proporciona una comprensión más profunda de por qué ciertos comportamientos se manifiestan en situaciones específicas. Asimismo, el análisis contextual permite identificar desencadenantes y perturbaciones dentro de un entorno que pueden contribuir a comportamientos desadaptativos o indeseables. También destaca la naturaleza dinámica del comportamiento, subrayando el impacto de los cambios de contexto en los ajustes conductuales. Al examinar los factores contextuales en juego, podemos identificar patrones y tendencias, lo que facilita intervenciones específicas para la modificación del comportamiento.

4. Estímulos ambientales:

Los estímulos ambientales desempeñan un papel crucial en la configuración del comportamiento y la influencia en las respuestas conductuales. Estos estímulos pueden clasificarse en varios tipos, cada uno con efectos específicos en las personas dentro de su entorno. Un tipo clave de estímulo ambiental son los estímulos sensoriales, que incluyen señales visuales, auditivas, olfativas, táctiles y gustativas. Los estímulos visuales, por ejemplo, abarcan la gran cantidad de imágenes y movimientos que las personas perciben en su entorno, mientras que los estímulos auditivos consisten en los diversos sonidos y tonos que las personas escuchan. Los estímulos olfativos se refieren a los innumerables olores y aromas presentes en el entorno, y los estímulos táctiles involucran el sentido del tacto que se experimenta a través del contacto físico. Finalmente, los estímulos gustativos se relacionan con los sabores y sabores que se experimentan a través del consumo. Cada uno de estos estímulos sensoriales tiene el potencial de provocar reacciones conductuales distintas y moldear las respuestas de las personas a su entorno. Otro tipo de estímulo ambiental son los estímulos sociales, que abarcan las interacciones con otras personas y las señales sociales presentes en el entorno. La presencia de compañeros, líderes o figuras de autoridad puede influir significativamente en los patrones de comportamiento, al igual que las señales no verbales como el lenguaje corporal, las expresiones faciales y los gestos.

Además, las normas culturales y sociales actúan como estímulos sociales influyentes, guiando el comportamiento de los individuos y moldeando sus respuestas. Además de los estímulos sensoriales y sociales, factores ambientales como la temperatura, la iluminación, la distribución del espacio e incluso el entorno geográfico constituyen estímulos ambientales que pueden afectar el comportamiento. Por ejemplo, investigaciones han demostrado que las variaciones en la temperatura ambiente pueden afectar el estado de ánimo y los niveles de actividad de los individuos, influyendo así en su comportamiento. De igual manera, la presencia o ausencia de luz natural puede influir en los ritmos circadianos y, por lo tanto, afectar los patrones de comportamiento. Asimismo, la distribución y configuración del espacio pueden provocar diversas respuestas en los individuos, afectando sus patrones de movimiento e interacción. Asimismo, los entornos geográficos, como los urbanos o rurales, pueden introducir diferentes estímulos ambientales que moldean el comportamiento de los individuos. Comprender los diversos tipos de estímulos ambientales y sus efectos es esencial para comprender la dinámica del comportamiento y la interacción entre los individuos y su entorno.

5. Función de los programas de refuerzo en entornos ambientales:

Al comprender y utilizar eficazmente los programas de refuerzo, las personas pueden influir y modificar la conducta para lograr los resultados deseados. Existen varios tipos de programas de refuerzo, cada uno con un impacto distinto en las respuestas conductuales. El programa de proporción fija, por ejemplo, proporciona refuerzo tras un número específico de respuestas. Esto puede generar altas tasas de comportamiento, ya que las personas se esfuerzan por alcanzar el número de respuestas necesario para obtener el refuerzo. Por otro lado, el programa de proporción variable proporciona refuerzo tras un número impredecible de respuestas, lo que resulta en una conducta persistente y resistente. Comprender estos programas permite diseñar estrategias de intervención adaptadas a diversos contextos ambientales.

En entornos ambientales, la aplicación de programas de refuerzo suele ser fundamental para promover y mantener la conducta adaptativa. Al implementar un refuerzo constante para las conductas deseables, las personas tienen mayor probabilidad de exhibirlas y mantenerlas a lo largo del tiempo. Además, el uso estratégico de programas de refuerzo intermitente puede ayudar a prevenir la extinción de las conductas deseables al reforzarlas intermitentemente, asegurando así su continuidad a pesar de las fluctuaciones en las condiciones ambientales. Esto se alinea con el concepto de condicionamiento operante, donde el refuerzo sirve como mecanismo para aumentar la probabilidad de recurrencia de una conducta específica.

Los programas de refuerzo también pueden utilizarse para moldear nuevos comportamientos en entornos ambientales. Mediante el establecimiento cuidadoso de contingencias de refuerzo, las personas pueden impulsar el desarrollo de comportamientos novedosos que se alineen con los resultados deseados. Ya sea mediante la introducción de refuerzo positivo para fomentar la adopción de hábitos beneficiosos o la implementación de refuerzo negativo para mitigar comportamientos indeseables, la aplicación juiciosa de programas de refuerzo tiene un inmenso potencial para la modificación del comportamiento en diversos contextos ambientales.

Es importante destacar que la sincronización y la previsibilidad de la aplicación del refuerzo influyen significativamente en las respuestas conductuales en entornos ambientales. El refuerzo constante tras las conductas deseables tiende a generar patrones de comportamiento robustos y sostenidos. Por el contrario, un refuerzo errático o poco fiable puede generar respuestas conductuales inconsistentes y obstaculizar los resultados deseados. Por lo tanto, comprender los matices de los programas de refuerzo y sus implicaciones en entornos ambientales es fundamental para orquestar y fomentar cambios conductuales significativos.

6. Comportamiento adaptativo a los cambios ambientales:

En el estudio del condicionamiento operante, uno de los conceptos fundamentales es la capacidad de los organismos para adaptar su comportamiento en respuesta a los cambios en el entorno. Este comportamiento adaptativo es fundamental para comprender cómo los individuos aprenden y modifican sus acciones para lograr resultados favorables. Al enfrentarse a modificaciones en el entorno, los organismos muestran una notable capacidad de adaptación, a menudo impulsada por las consecuencias de su comportamiento. El comportamiento adaptativo se evidencia en diversos aspectos de la vida, desde las actividades cotidianas más sencillas hasta la resolución de problemas complejos. El proceso de adaptabilidad implica una interacción dinámica entre las respuestas del organismo y las contingencias ambientales que las configuran.

Comprender cómo los organismos exhiben un comportamiento adaptativo a nuevas circunstancias ambientales es crucial para comprender las implicaciones más amplias del condicionamiento operante. Ya sea en hábitats naturales o en entornos controlados, los organismos demuestran una capacidad inherente para ajustar su comportamiento a las condiciones ambientales cambiantes. Desde las estrategias de búsqueda de alimento en animales hasta la dinámica laboral en la sociedad humana, el concepto de comportamiento adaptativo subraya la profunda influencia de los cambios ambientales en las respuestas conductuales.

El fenómeno del comportamiento adaptativo también pone de relieve la relación entre el aprendizaje y las influencias ambientales. Los organismos evalúan continuamente el impacto de sus acciones en el contexto del entorno, lo que lleva a ajustes en su comportamiento para optimizar los resultados. Esta capacidad de respuesta a los cambios ambientales refleja la ventaja evolutiva del comportamiento adaptativo, que permite la supervivencia y el éxito en diversos nichos ecológicos.

El estudio del comportamiento adaptativo proporciona información valiosa sobre la maleabilidad y resiliencia de los patrones de comportamiento ante la variabilidad ambiental. Al investigar las respuestas adaptativas de los organismos a nuevos estímulos y desafíos, los investigadores obtienen una comprensión más profunda de los mecanismos subyacentes a la flexibilidad conductual y los procesos cognitivos. El análisis del comportamiento adaptativo ofrece una perspectiva sobre las sofisticadas maneras en que los organismos perciben, interpretan y reaccionan a los estímulos ambientales, arrojando luz sobre el funcionamiento de las interacciones entre el comportamiento y el entorno.

7. El concepto de control de estímulos:

En el campo del condicionamiento operante, los estímulos ambientales desempeñan un papel fundamental en la determinación y configuración de las respuestas conductuales. Este fenómeno se refiere al proceso mediante el cual señales o indicios específicos influyen y regulan la ocurrencia de un comportamiento particular. En esencia, profundiza en la discriminación y generalización de estímulos, dilucidando cómo los organismos aprenden a diferenciar entre diversas señales ambientales y, posteriormente, exhiben comportamientos específicos como respuesta. La interacción entre los estímulos discriminativos, las respuestas conductuales y los mecanismos de refuerzo subraya la importancia del control de estímulos para comprender la dinámica del comportamiento.

En el centro de esta noción se encuentra el concepto de estímulos discriminativos, que se refiere a las señales o indicios específicos que evocan una respuesta particular en un organismo al indicar la disponibilidad de refuerzo. Estos estímulos, en esencia, establecen la probabilidad de que ocurra un determinado comportamiento, ejerciendo así una profunda influencia en las acciones del individuo. Mediante el aprendizaje de la discriminación, los individuos adquieren la capacidad de distinguir entre diferentes estímulos y, posteriormente, modifican su repertorio conductual en función de la presencia o ausencia de estos. Además, entra en juego el concepto de generalización, según el cual estímulos similares evocan respuestas comparables debido a su semejanza con el estímulo discriminativo original, lo que demuestra la naturaleza adaptativa del condicionamiento conductual.

Al explorar exhaustivamente los parámetros del control de estímulos, logramos una comprensión más profunda de cómo las señales ambientales moldean el comportamiento y facilitan la adquisición de respuestas específicas. Además, este conocimiento tiene implicaciones significativas en numerosos ámbitos, como la educación, la psicología clínica y el comportamiento organizacional, donde la manipulación deliberada de los estímulos ambientales puede generar resultados conductuales deseados. Además, el concepto de control de estímulos trasciende los paradigmas básicos del condicionamiento, abarcando procesos cognitivos complejos e interacciones sociales, lo que subraya su influencia multifacética en el comportamiento humano.

8. Diseño ambiental para los resultados conductuales deseados:

Al considerar el diseño de entornos para obtener resultados conductuales específicos, es esencial comprender detalladamente los principios del condicionamiento operante. El diseño ambiental para obtener los resultados conductuales deseados implica la disposición y manipulación deliberadas de estímulos ambientales para promover y reforzar las conductas deseadas. Abarca la estructuración intencional del entorno físico, los entornos sociales y los factores contextuales para fomentar, mantener o modificar conductas de acuerdo con objetivos predeterminados. Esta alineación estratégica de los elementos ambientales con los objetivos conductuales puede generar un impacto significativo y facilitar un cambio positivo.

Un aspecto fundamental del diseño ambiental gira en torno al concepto de refuerzo. Al colocar estratégicamente refuerzos en un entorno, ya sean recompensas tangibles, aprobación social u otras formas de refuerzo positivo, se anima a las personas a exhibir las conductas deseadas. La disposición espacial y la accesibilidad de estos elementos de refuerzo pueden influir significativamente en la frecuencia y probabilidad de que se produzcan determinadas conductas. Asimismo, la aplicación juiciosa del refuerzo negativo mediante la eliminación de estímulos aversivos también puede contribuir a la formación de patrones de comportamiento deseados.

La disposición y la organización del entorno desempeñan un papel crucial en la orientación del comportamiento. Considere el impacto de un entorno educativo diseñado para minimizar las distracciones y mejorar la concentración, promoviendo así conductas de aprendizaje atento. De igual manera, los lugares de trabajo estructurados para facilitar la colaboración y la comunicación pueden fomentar conductas laborales cooperativas y productivas entre los empleados. Estos ejemplos subrayan la profunda influencia del diseño del entorno en los resultados conductuales.

Otra consideración crucial en el diseño ambiental se relaciona con el concepto de generalización y discriminación de estímulos. Una atención cuidadosa a la consistencia y especificidad de las señales ambientales puede influir en el grado de manifestación de ciertas conductas. El uso de estímulos discriminativos para indicar cuándo se reforzarán determinadas conductas ayuda a las personas a distinguir entre respuestas apropiadas e inapropiadas en diversos contextos ambientales. Este reforzamiento diferencial basado en señales situacionales fomenta el desarrollo de conductas operantes discriminativas, a la vez que minimiza la ocurrencia de acciones no deseadas.

Las aplicaciones prácticas del diseño ambiental para lograr los resultados conductuales deseados abarcan diversos ámbitos, como la educación, las intervenciones clínicas, la gestión organizacional y la planificación comunitaria. En entornos educativos, las modificaciones ambientales orientadas a mejorar la participación, la motivación y la retención del aprendizaje de los estudiantes han mostrado resultados prometedores. En contextos clínicos, la estructuración deliberada de entornos terapéuticos puede facilitar la adquisición de conductas y habilidades adaptativas en personas con diversas necesidades. Además, en la gestión organizacional, la optimización del entorno laboral para fomentar una ética laboral, un trabajo en equipo y un rendimiento adecuados se ha vinculado con una mayor productividad y satisfacción laboral.

9. Investigación actual sobre las contribuciones del medio ambiente al comportamiento:

Estudios recientes han mejorado significativamente nuestra comprensión de la relación entre los factores ambientales y las respuestas conductuales. Investigaciones de vanguardia han profundizado en diversos aspectos, arrojando luz sobre cómo diferentes entornos pueden provocar comportamientos distintos en individuos de distintas especies y entornos. Un área de investigación interesante reside en el impacto de los entornos urbanos en el comportamiento humano. La investigación en psicología urbana ha revelado la profunda influencia de los paisajes y las estructuras urbanas en la cognición, las emociones y las interacciones sociales humanas. Además, los avances tecnológicos han permitido el mapeo y análisis de variables ambientales, lo que proporciona una comprensión más profunda de cómo el diseño urbano afecta el comportamiento humano, desde los niveles de estrés hasta los procesos de toma de decisiones.

La investigación actual se ha expandido más allá de los estudios centrados en humanos para abarcar el comportamiento animal en respuesta a estímulos ambientales. Los científicos exploran cómo diferentes hábitats, como los paisajes naturales y urbanos, afectan el comportamiento y las estrategias de supervivencia de diversas especies. Al estudiar el impacto de las alteraciones ambientales causadas por las actividades humanas, los investigadores buscan identificar medidas que puedan mitigar los efectos negativos y preservar la biodiversidad. Además, las investigaciones sobre las consecuencias conductuales del cambio climático y la destrucción del hábitat han captado la atención, impulsando esfuerzos para comprender y abordar las implicaciones a largo plazo para los ecosistemas y las especies que los habitan.

Otra área de interés notable en la investigación contemporánea se centra en el papel de los entornos construidos en la configuración de los comportamientos organizacionales y laborales. Los investigadores en psicología organizacional examinan cómo los espacios de trabajo físicos, como la distribución y el diseño de las oficinas, influyen en la productividad, la colaboración y el bienestar de los empleados. Esta línea de investigación busca optimizar los entornos laborales mediante la identificación de elementos arquitectónicos y de diseño que favorezcan los comportamientos deseados y mejoren el rendimiento organizacional general. Asimismo, la investigación sobre psicología ambiental en entornos educativos explora el impacto del diseño escolar, la distribución de las aulas y los espacios al aire libre en la participación estudiantil, los resultados de aprendizaje y la gestión del comportamiento, ofreciendo información valiosa para las instituciones educativas que buscan crear entornos de aprendizaje propicios y diseñar soluciones que promuevan resultados positivos a nivel individual, social y ecológico.

Condicionamiento clásico versus condicionamiento operante

1. Introducción a los paradigmas del condicionamiento:

Los paradigmas de condicionamiento constituyen la piedra angular de las teorías del comportamiento y han moldeado significativamente nuestra comprensión del comportamiento humano y animal. Estos paradigmas sirven como marcos para comprender cómo se produce el aprendizaje y cómo los individuos u organismos adaptan su comportamiento en función de la experiencia y los estímulos ambientales. La evolución histórica de los paradigmas de condicionamiento está entrelazada con el desarrollo de las teorías psicológicas, ofreciendo perspectivas cruciales sobre los mecanismos que sustentan la modificación del comportamiento. Examinar la perspectiva histórica y los fundamentos de los paradigmas de condicionamiento proporciona una exploración profunda de cómo estas teorías han evolucionado a lo largo del tiempo, dando lugar a descubrimientos que cambiaron paradigmas y a marcos teóricos influyentes. Desde los primeros experimentos de Iván Pávlov en el condicionamiento clásico hasta el trabajo pionero de B.F. Skinner en el condicionamiento operante, la ascendencia de los paradigmas de condicionamiento refleja un profundo cambio en nuestra comprensión del comportamiento y los procesos de aprendizaje. Comprender el contexto histórico también nos permite apreciar los diversos fundamentos filosóficos y empíricos que han contribuido al desarrollo de las teorías del comportamiento modernas. Además, profundizar en los fundamentos históricos ofrece valiosas perspectivas sobre las figuras influyentes y los experimentos seminales que han moldeado el discurso en torno a los paradigmas del condicionamiento. Al explorar la evolución de estos paradigmas, podemos comprender mejor las complejidades del conductismo y el impacto perdurable de estos principios fundamentales en el campo de la psicología y disciplinas afines. Este recorrido histórico no solo dilucida la evolución de los paradigmas del condicionamiento, sino que también subraya su perdurable relevancia en la investigación contemporánea y sus aplicaciones prácticas.

2. Perspectiva histórica y fundamentos:

A principios del siglo XX, los innovadores experimentos de Iván Pávlov con perros revelaron los principios del condicionamiento clásico, sentando las bases para comprender cómo los organismos establecen asociaciones entre los estímulos ambientales y las respuestas naturales. Estos hallazgos no solo revolucionaron el campo de la psicología, sino que también sentaron las bases para una mayor exploración de los mecanismos del aprendizaje y la conducta.

Basándose en la obra de Pávlov, John Watson amplió el paradigma del condicionamiento introduciendo el concepto de conductismo, enfatizando la importancia de las conductas observables y rechazando el enfoque en los procesos mentales internos. Al proponer que toda conducta podía explicarse mediante el condicionamiento, las ideas de Watson sentaron las bases para el desarrollo del condicionamiento operante y moldearon la trayectoria de la investigación psicológica en las décadas posteriores. Además, el contexto histórico que rodeó el surgimiento de estos paradigmas refleja las corrientes intelectuales más amplias de la época, incluyendo un cambio hacia la observación y la experimentación empíricas, que influyó profundamente en la dirección de la psicología como disciplina científica.

A medida que el campo continuó evolucionando, el trabajo de B.F. Skinner consolidó los principios del condicionamiento operante, explorando el papel del refuerzo y el castigo en la modelación de la conducta. Los estudios pioneros de Skinner no solo aportaron evidencia empírica para el marco del condicionamiento operante, sino que también ofrecieron aplicaciones prácticas en campos como la educación y la terapia clínica. Los relatos históricos de estas figuras prominentes subrayan la evolución de los paradigmas del condicionamiento, desde la especulación teórica hasta la validación empírica, marcando una era transformadora en la historia de la psicología.

3. Principios fundamentales del condicionamiento clásico:

El condicionamiento clásico se atribuye al trabajo pionero de Iván Pávlov. Implica la asociación de un estímulo incondicionado con un estímulo neutro para evocar una respuesta condicionada. Uno de los principios clave que subyacen al condicionamiento clásico es el concepto de adquisición, según el cual el estímulo neutro se convierte en un estímulo condicionado mediante el emparejamiento repetido con el estímulo incondicionado.

Mediante este proceso, el organismo comienza a exhibir una respuesta condicionada al estímulo previamente neutro, lo que demuestra la adquisición de la asociación aprendida.

El fenómeno de la extinción desempeña un papel fundamental en el condicionamiento clásico. La extinción ocurre cuando la respuesta condicionada disminuye o desaparece como resultado de que el estímulo incondicionado deja de presentarse tras el estímulo condicionado. Este proceso resalta la importancia del reforzamiento continuo para mantener las respuestas condicionadas. Además, la recuperación espontánea, observada tras un período de descanso tras la extinción, subraya la persistencia de las asociaciones adquiridas, a pesar de los retrocesos temporales.

La generalización y la discriminación son conceptos esenciales en el condicionamiento clásico. La generalización se refiere a la tendencia de una respuesta condicionada previamente adquirida a ser provocada no solo por el estímulo condicionado original, sino también por estímulos similares. Por otro lado, la discriminación implica la capacidad de diferenciar entre estímulos similares y responder selectivamente al estímulo condicionado específico. Comprender estos fenómenos proporciona información valiosa sobre los matices de las conductas aprendidas y su aplicabilidad en diversos contextos.

La predictibilidad y la sincronización de los estímulos constituyen elementos cruciales del condicionamiento clásico. La contingencia entre los estímulos condicionados e incondicionados influye en la intensidad y la predictibilidad de las respuestas condicionadas resultantes. Además, la relación temporal entre los estímulos, en particular la precisión en el momento de su presentación, influye significativamente en la eficacia del aprendizaje asociativo. Estas consideraciones son fundamentales para dilucidar los mecanismos que rigen el condicionamiento clásico y sus implicaciones prácticas.

4. Adquisición del comportamiento - Enfoques clásicos y operantes:

El condicionamiento clásico dilucida la asociación entre dos estímulos, donde un estímulo inicialmente neutro se vuelve capaz de provocar una respuesta al combinarse con otro estímulo que la evoca naturalmente. Esta respuesta condicionada representa la conducta adquirida y aprendida, ejemplificando el papel fundamental de los reflejos involuntarios en este paradigma. Por el contrario, el condicionamiento operante se centra en la modificación de las conductas voluntarias mediante consecuencias, observadas en el contexto del refuerzo o el castigo. La disparidad fundamental reside en la naturaleza de la respuesta provocada: el condicionamiento clásico genera respuestas reflejas, mientras que el condicionamiento operante fomenta acciones deliberadas y con propósito, impulsadas por sus resultados.

En comparación, el condicionamiento clásico se centra predominantemente en el desarrollo de la conducta respondiente, caracterizada por reacciones automáticas e involuntarias, mientras que el condicionamiento operante se centra predominantemente en la conducta operante, que abarca las acciones intencionales influenciadas por sus consecuencias. Además, el proceso de adquisición en el condicionamiento clásico implica el establecimiento de una asociación entre los estímulos condicionados e incondicionados, lo que lleva a la transferencia final de la respuesta del estímulo incondicionado al condicionado. Por el contrario, en el condicionamiento operante, la adquisición se produce cuando el sujeto asocia sus respuestas conductuales con estímulos de refuerzo o castigo, lo que ejerce una influencia convincente en futuras ocurrencias de la conducta.

Es pertinente reconocer que las distinciones entre estos procesos de adquisición trascienden la naturaleza de las respuestas aprendidas y abarcan los principios fundamentales del aprendizaje que rigen cada paradigma. El condicionamiento clásico encarna la importancia de la contigüidad, enfatizando la proximidad temporal entre los estímulos condicionados e incondicionados, lo que fomenta un sólido vínculo asociativo. En contraste, el condicionamiento operante se centra en el principio del reforzamiento, que implica la amplificación o disminución de las conductas en función de sus resultados, configurando así la probabilidad futura de su ocurrencia.

Las características temporales de los estímulos condicionados difieren notablemente entre los paradigmas: el condicionamiento clásico se basa en una secuencia temporal de presentación, mientras que el condicionamiento operante abarca la variabilidad en la relación temporal entre la conducta y sus consecuencias. Explorar estos matices contribuye a una comprensión integral de cómo los organismos adquieren y exhiben conductas en diversos contextos ambientales, sentando las bases para aplicaciones e intervenciones fundamentadas en diversos ámbitos, como la psicología, la educación y las terapias conductuales.

5. Naturaleza y papel de los estímulos en ambos paradigmas:

Tanto en el campo del condicionamiento clásico como en el operante, los estímulos desempeñan un papel crucial en la configuración de las respuestas conductuales. El condicionamiento clásico se centra en la asociación entre un estímulo previamente neutral y un estímulo incondicionado para evocar una respuesta condicionada. Este proceso implica la identificación y manipulación de estímulos para generar una reacción conductual específica. Por el contrario, el condicionamiento operante se centra en el papel de los estímulos en los procesos de refuerzo y castigo, influyendo así en la aparición y recurrencia de las conductas. Comprender la naturaleza y el papel de los estímulos en ambos paradigmas es fundamental para comprender los mecanismos que sustentan el cambio conductual.

Los estímulos en el condicionamiento clásico son fundamentales para establecer la respuesta condicionada mediante la formación de asociaciones. Estos estímulos actúan como desencadenantes que provocan respuestas innatas o reflejas, que posteriormente se vinculan con nuevos estímulos neutrales. El reconocimiento y la diferenciación de diversos tipos de estímulos son esenciales para la implementación exitosa de las técnicas de condicionamiento clásico. El rol de la sincronización y la intensidad de los estímulos en el condicionamiento clásico también es un aspecto crucial que influye en la fuerza y persistencia de las respuestas condicionadas. Además, la extinción de las respuestas condicionadas puede ocurrir cuando el estímulo condicionado ya no se empareja con el estímulo incondicionado, lo que resalta la importancia de los estímulos en la evocación y extinción de las respuestas aprendidas.

En el condicionamiento operante, los estímulos actúan como señales discriminativas que indican la probabilidad de refuerzo o castigo tras una conducta específica. Estos estímulos informan al organismo sobre las consecuencias de sus acciones, influyendo así en la probabilidad de que la conducta se repita en el futuro. Los estímulos discriminativos pueden incluir señales ambientales que indican cuándo se reforzará una determinada conducta, moldeando así el repertorio conductual del individuo. Además, comprender los estímulos específicos que funcionan como reforzadores o castigadores es fundamental para modificar y mantener eficazmente las conductas deseadas. La interacción de los estímulos en ambos paradigmas muestra la naturaleza del condicionamiento conductual y las múltiples funciones de los estímulos en la influencia de los resultados conductuales.

6. Respuestas y consecuencias:

El condicionamiento clásico y el operante se basan en el principio fundamental del aprendizaje asociativo, pero su distinción radica en la naturaleza de la respuesta aprendida y el papel de las consecuencias en la modelación de la conducta. El condicionamiento clásico se centra principalmente en las respuestas involuntarias y reflejas provocadas por los estímulos ambientales. El estímulo condicionado (EC) se asocia con el estímulo incondicionado (EI), lo que da lugar a la respuesta condicionada (RC). Este proceso establece una asociación pasiva entre los estímulos y las respuestas, en la que el organismo no participa activamente en la producción de la respuesta.

Por otro lado, el condicionamiento operante se centra en las acciones voluntarias del organismo, las cuales conllevan ciertas consecuencias. Estas consecuencias pueden ser reforzantes (aumentando la probabilidad de que la conducta se repita) o punitivas (disminuyendo la probabilidad de que la conducta se repita). La distinción clave radica en que la conducta del individuo opera sobre el entorno, y las consecuencias subsiguientes modulan la probabilidad de que dicha conducta se repita.

Al comparar estos paradigmas, resulta evidente que el condicionamiento clásico es de naturaleza más reactiva, mientras que el condicionamiento operante implica una conducta proactiva y orientada a objetivos. Además, el papel de las consecuencias marca una disparidad significativa entre ambos paradigmas. Mientras que el condicionamiento clásico enfatiza la asociación entre estímulos, el condicionamiento operante subraya la relación entre las respuestas y sus resultados.

La sincronización de los estímulos y las consecuencias difiere en ambos paradigmas. El condicionamiento clásico se centra predominantemente en la contigüidad temporal, donde el EC precede al EI, lo que lleva a la formación de asociaciones entre ambos. En cambio, el condicionamiento operante incorpora los conceptos de refuerzo y castigo, cuya sincronización precisa influye decisivamente en la eficacia de la modificación de la conducta.

7. Aplicaciones e implicaciones prácticas:

Los conceptos de condicionamiento clásico y operante tienen implicaciones de gran alcance en diversos ámbitos, como la educación, la terapia, el comportamiento organizacional y la vida cotidiana. En entornos educativos, el condicionamiento operante proporciona un marco sólido para comprender e influir en el comportamiento del alumnado. Mediante estrategias como el refuerzo positivo, los educadores pueden fomentar las conductas deseadas y el rendimiento académico. Por otro lado, el conocimiento de los procesos de condicionamiento clásico permite a los docentes comprender cómo las experiencias pasadas pueden influir en las respuestas emocionales y las actitudes del alumnado hacia asignaturas o entornos de aprendizaje específicos.

En el campo de la terapia y la salud mental, los principios del condicionamiento clásico y operante fundamentan las técnicas terapéuticas destinadas a abordar conductas desadaptativas y trastornos psicológicos. Por ejemplo, la desensibilización sistemática, un método basado en el condicionamiento clásico, se emplea con frecuencia para aliviar fobias y ansiedad mediante la reasociación de estímulos temidos con relajación o emociones positivas. En la terapia conductual, los principios del condicionamiento operante se utilizan para reforzar conductas adaptativas y eliminar las perjudiciales.

En contextos organizacionales, la aplicación de los principios del condicionamiento operante se observa en las estrategias de gestión para motivar a los empleados y moldear los comportamientos en el entorno laboral. Mediante el uso del refuerzo positivo y negativo, las organizaciones pueden fomentar eficazmente prácticas laborales deseables y disuadir comportamientos contraproducentes. Además, comprender los mecanismos del condicionamiento clásico puede ayudar a comprender cómo la cultura organizacional, las estrategias de marketing y la marca contribuyen a moldear las respuestas y asociaciones de los consumidores.

Más allá de estos ámbitos específicos, las implicaciones prácticas de estos paradigmas de condicionamiento se extienden a diversos aspectos de la vida cotidiana. Los padres, por ejemplo, pueden aprovechar las técnicas de condicionamiento operante para promover comportamientos positivos en sus hijos, siendo conscientes de las influencias involuntarias del condicionamiento clásico en su desarrollo emocional. Además, comprender los principios del condicionamiento puede aumentar la conciencia de cómo los medios de comunicación y la publicidad utilizan estos mecanismos para moldear las preferencias y los comportamientos de compra de los consumidores.

8. Algunos estudios de caso que ilustran las diferencias:

En el campo de la psicología conductual, la aplicación de los principios del condicionamiento clásico y operante suele presentar matices intrigantes que se manifiestan en diversas situaciones reales. En primer lugar, consideremos el caso de una persona que desarrolla un miedo intenso a volar tras experimentar una turbulencia severa durante un vuelo. A través del condicionamiento clásico, la respuesta de miedo de la persona se condiciona al estímulo específico de volar, reflejando así los principios fundamentales de los experimentos pioneros de Pávlov con perros. Esto ejemplifica la naturaleza involuntaria y reflexiva del condicionamiento clásico, donde un estímulo innato o neutral se asocia con una reacción emocional adversa.

Por el contrario, al pasar al condicionamiento operante, nos encontramos con un caso específico que se centra en el rendimiento de los empleados dentro de un entorno organizacional. Imaginemos un equipo de ventas que opera bajo un sistema de recompensas, donde los empleados reciben bonificaciones monetarias por alcanzar o superar los objetivos de ventas. Al emplear los principios del condicionamiento operante, el comportamiento de los empleados se moldea mediante el refuerzo positivo, ya que el resultado deseado (es decir, el aumento de las ventas) genera una consecuencia favorable (es decir, recompensas económicas). Esto contrasta marcadamente con las respuestas espontáneas características del condicionamiento clásico, lo que subraya la naturaleza deliberada y voluntaria de la modificación conductual operante.

La investigación en el ámbito educativo arroja luz sobre la divergencia entre estos paradigmas de condicionamiento. Al explorar un escenario dentro de un aula, discernimos la aplicación del condicionamiento clásico en la aparición de una respuesta condicionada en los estudiantes. Por ejemplo, si un profesor asocia constantemente un tono particular al final de una clase, los estudiantes pueden desarrollar aversión a dicho tono, lo que refleja la adquisición de una respuesta condicionada por asociación. En cambio, el condicionamiento operante se manifiesta cuando los estudiantes muestran una mayor participación en las discusiones en clase tras elogios o retroalimentación positiva, lo que demuestra la formación de conductas voluntarias basadas en las consecuencias.

Respuestas conductuales - Tipos y patrones

1. Conductas innatas versus aprendidas:

En el campo de las respuestas conductuales, una distinción fundamental reside en la diferenciación entre comportamientos innatos y aprendidos. Los comportamientos innatos, también conocidos como comportamientos instintivos, son aquellos que un organismo exhibe de forma natural sin necesidad de experiencia previa ni influencia ambiental. Estos comportamientos suelen ser cruciales para la supervivencia y están genéticamente integrados en la constitución biológica del organismo. Ejemplos de comportamientos innatos incluyen los reflejos, como el reflejo instintivo, y las conductas defensivas innatas que exhiben las presas ante un depredador.

En cambio, las conductas aprendidas son producto de la interacción de un organismo con su entorno mediante experiencias, observaciones y condicionamiento. Estas conductas se adquieren mediante la práctica, la repetición y la asociación con estímulos o situaciones específicos. El aprendizaje puede ocurrir mediante diversos mecanismos, como el condicionamiento clásico, el condicionamiento operante, la observación y los procesos cognitivos. Por ejemplo, un perro que aprende a sentarse al recibir la orden mediante entrenamiento y refuerzo constantes demuestra una conducta aprendida.

Comprender las diferencias entre los comportamientos innatos y aprendidos es fundamental para comprender las capacidades adaptativas de los organismos y la interacción entre la genética y el entorno en la configuración del comportamiento. También arroja luz sobre la plasticidad y la maleabilidad del comportamiento, destacando el papel de la experiencia y los factores ambientales en la modificación y el desarrollo de nuevos patrones de comportamiento.

La distinción entre comportamientos innatos y aprendidos conlleva importantes implicaciones en diversos campos, como la psicología, la etología y la biología evolutiva. Quienes estudian el comportamiento animal suelen investigar el equilibrio entre los comportamientos instintivos, cruciales para la supervivencia de las especies, y la flexibilidad conductual que confiere el aprendizaje. Esta intersección ofrece valiosas perspectivas sobre la evolución de los comportamientos y las ventajas adaptativas que confiere la capacidad de adquirir y modificar respuestas conductuales.

Comprender las conductas innatas y aprendidas es pertinente en ámbitos aplicados como la educación, la terapia y el adiestramiento animal. Los educadores aprovechan el conocimiento de los principios de aprendizaje para optimizar las estrategias de enseñanza, mientras que los terapeutas emplean técnicas de modificación de conducta para abordar las conductas aprendidas desadaptativas. De igual manera, los entrenadores emplean métodos de condicionamiento para cultivar las conductas deseadas en los animales, aprovechando los principios del refuerzo y el moldeamiento.

2. Patrones de comportamiento - Fijos y variables:

En el contexto del condicionamiento operante, los patrones de conducta suelen clasificarse como fijos o variables. Los patrones de conducta fijos se refieren a respuestas que ocurren con una frecuencia o intensidad constantes, mientras que los patrones de conducta variables implican respuestas que fluctúan en términos de frecuencia o intensidad.

Los patrones de comportamiento fijos se caracterizan por una ocurrencia estable y predecible del comportamiento. Este tipo de patrón se observa comúnmente en comportamientos muy arraigados o rutinarios, como las respuestas reflejas o las acciones bien practicadas. Por ejemplo, parpadear ante una luz brillante repentina puede considerarse un patrón de comportamiento fijo debido a su naturaleza constante e involuntaria.

Por otro lado, los patrones de comportamiento variables abarcan conductas que presentan variabilidad en su ocurrencia. Estas respuestas pueden fluctuar en frecuencia, duración o intensidad en función de factores internos o externos. Los patrones de comportamiento variables suelen asociarse con conductas más complejas y adaptables, incluyendo aquellas influenciadas por la motivación, las señales ambientales o las experiencias de aprendizaje.

Comprender la distinción entre patrones de comportamiento fijos y variables es esencial para diseñar estrategias eficaces de refuerzo e intervención. Los patrones fijos pueden beneficiarse de programas de refuerzo consistentes para mantener la conducta deseada, mientras que los patrones variables pueden requerir técnicas de refuerzo adaptativo para tener en cuenta las fluctuaciones en la intensidad o la frecuencia de la respuesta.

El estudio de los patrones de comportamiento proporciona información valiosa sobre los mecanismos subyacentes del comportamiento y la influencia de las contingencias ambientales. Al analizar patrones fijos y variables en diversos comportamientos, investigadores y profesionales pueden comprender mejor los factores que configuran el comportamiento humano y animal, lo que permite intervenciones más precisas y específicas en entornos educativos, clínicos y organizacionales.

3. El concepto de clases de respuesta:

Una clase de respuesta se refiere a un grupo de respuestas que producen el mismo efecto en el entorno. Estas respuestas pueden variar considerablemente en su topografía o forma, pero comparten funciones y resultados comunes. En esencia, las clases de respuesta proporcionan un marco para categorizar los comportamientos según sus consecuencias compartidas, lo que permite un análisis más exhaustivo de los patrones de comportamiento.

Comprender las clases de respuesta es crucial para los analistas e investigadores del comportamiento, ya que les permite identificar las relaciones funcionales entre el comportamiento y sus consecuencias. Al agrupar respuestas similares, los analistas pueden identificar patrones y tendencias más amplios en el comportamiento, lo que proporciona información valiosa sobre los mecanismos subyacentes que impulsan resultados conductuales específicos.

Las clases de respuesta pueden abarcar una amplia gama de comportamientos, desde simples acciones motoras hasta procesos cognitivos complejos. Por ejemplo, en un aula, levantar la mano para responder una pregunta, hablar fuera de turno o participar en silencio podrían pertenecer a la misma clase de respuesta si conllevan consecuencias similares, como la atención del profesor o la aprobación de los compañeros. Al reconocer estos comportamientos como parte de una clase de respuesta, los educadores pueden desarrollar intervenciones específicas para moldear los comportamientos deseables y reducir los indeseables.

El concepto de clases de respuesta subraya la importancia de considerar el contexto más amplio en el que se producen las conductas. Analizar las conductas dentro del marco de las clases de respuesta permite una comprensión más holística del comportamiento, considerando la diversidad de respuestas que conducen a resultados similares. Este enfoque integral puede revelar patrones de comportamiento y esclarecer los factores que influyen en la consistencia o variabilidad del comportamiento.

Las aplicaciones prácticas de comprender las clases de respuesta trascienden el ámbito de la investigación y la academia. En entornos clínicos, identificar las clases de respuesta es fundamental para diseñar programas eficaces de modificación de conducta, ya que permite a los profesionales adaptar las intervenciones para abordar patrones de respuesta específicos. Al centrarse en clases de respuesta completas en lugar de comportamientos individuales, los profesionales pueden desarrollar estrategias integrales para promover cambios positivos y abordar conductas problemáticas de forma eficaz.

4. Análisis de las cadenas de respuesta:

Una cadena de respuesta se refiere a una serie de comportamientos individuales que ocurren sucesivamente, cada uno sirviendo como señal para el siguiente comportamiento en la secuencia. Este concepto es fundamental para comprender cómo se generan y mantienen ciertos comportamientos mediante el reforzamiento.

El análisis de las cadenas de respuesta implica la disección de las secuencias conductuales en sus partes constituyentes. Cada componente de la cadena puede identificarse y analizarse en función de sus antecedentes, consecuencias y las relaciones entre las conductas anteriores y posteriores. Al examinar estas secuencias, los investigadores pueden comprender mejor los desencadenantes y refuerzos específicos que conducen a la finalización de toda la cadena de respuesta.

Comprender las cadenas de respuesta es crucial en diversos campos, como la psicología, la educación y la terapia conductual. Por ejemplo, en entornos educativos, los educadores suelen utilizar cadenas de respuesta para enseñar habilidades complejas como la resolución de problemas o la toma de decisiones.

Al dividir la habilidad deseada en pasos más pequeños y manejables, los instructores pueden guiar eficazmente a los estudiantes a través de las conductas secuenciales necesarias para dominarla. Además, en las intervenciones terapéuticas, el análisis de las cadenas de respuesta se emplea para abordar conductas desadaptativas o perjudiciales, identificando los puntos en los que la intervención puede interrumpir la cadena y promover respuestas más adaptativas.

El análisis de las cadenas de respuesta permite desarrollar estrategias eficaces de modificación de conducta. Al identificar puntos específicos dentro de la cadena donde se puede implementar el refuerzo, los analistas de conducta pueden diseñar intervenciones específicas para moldear y fortalecer las secuencias conductuales deseadas. De este modo, pueden modificar y moldear sistemáticamente la conducta para lograr los resultados deseados, tanto en contextos clínicos como organizacionales.

Los investigadores también examinan las cadenas de respuesta para explorar el impacto de los estímulos ambientales y las variables situacionales en el comportamiento. Al observar cómo los diferentes estímulos influyen en el inicio y la progresión de las cadenas de respuesta, los psicólogos pueden obtener información valiosa sobre los factores que contribuyen al mantenimiento o la alteración de los patrones de comportamiento.

5. Impacto de los programas en la conducta:

En el condicionamiento operante, el impacto de los programas en la conducta es un aspecto crucial que requiere una comprensión integral. Los programas de refuerzo y castigo desempeñan un papel fundamental en la formación y el mantenimiento de las respuestas conductuales. Estos programas se pueden clasificar en dos categorías principales: continuos e intermitentes.

Los programas continuos implican reforzar o castigar la conducta de un individuo cada vez que ocurre. Estos programas son eficaces para establecer nuevas conductas, ya que establecen asociaciones claras entre la conducta y sus consecuencias. Sin embargo, el refuerzo continuo puede no ser siempre factible o práctico en situaciones reales.

Los programas intermitentes, por otro lado, implican reforzar o castigar la conducta de forma intermitente o periódica. Existen varios tipos de programas intermitentes, como los de razón fija, razón variable, intervalo fijo e intervalo variable. Cada tipo tiene efectos distintos en la conducta.

Los programas de razón fija refuerzan la conducta tras un número específico de respuestas. Suelen generar altas tasas de respuesta, ya que los individuos se esfuerzan por alcanzar el número requerido de respuestas para el refuerzo. Los programas de razón variable, en cambio, proporcionan refuerzo tras un número impredecible de respuestas, lo que genera respuestas conductuales persistentes y consistentes.

Los programas de intervalo fijo refuerzan la primera respuesta tras un periodo fijo desde el refuerzo anterior. Esto suele generar un patrón de comportamiento en el que se produce una pausa en la respuesta inmediatamente después del refuerzo, seguida de un aumento a medida que se acerca la hora del siguiente refuerzo. Los programas de intervalo variable refuerzan la primera respuesta tras un periodo de tiempo variable, lo que resulta en tasas de respuesta constantes pero moderadas.

6. Patrones de comportamiento adaptativos y desadaptativos:

Comprender la distinción entre comportamiento adaptativo y desadaptativo es crucial para comprender cómo las personas interactúan con su entorno y aprenden nuevos comportamientos. Los patrones de comportamiento adaptativo se refieren a aquellas acciones que permiten a una persona prosperar eficazmente en su entorno. Estos comportamientos se consideran beneficiosos y constructivos, ya que contribuyen a la capacidad de una persona para satisfacer sus necesidades y alcanzar metas personales. Por otro lado, los patrones de comportamiento desadaptativo abarcan acciones que obstaculizan el funcionamiento o el bienestar de una persona. Dichos comportamientos a menudo son contraproducentes, conducen a resultados negativos e interfieren con la capacidad de una persona para alcanzar su potencial. Identificar y analizar patrones de comportamiento adaptativos y desadaptativos proporciona información valiosa sobre los mecanismos subyacentes del comportamiento y los factores que influyen en el cambio conductual. Además, reconocer estos patrones es esencial para desarrollar estrategias efectivas de modificación de conducta dirigidas a promover comportamientos adaptativos y reducir los desadaptativos. En el contexto del condicionamiento operante, el refuerzo o el castigo de comportamientos específicos pueden afectar significativamente si estos comportamientos se vuelven adaptativos o desadaptativos. Al examinar ejemplos reales y estudios de caso, podemos comprender mejor las complejidades que implica diferenciar entre patrones de comportamiento adaptativos y desadaptativos. Además, explorar las motivaciones y consecuencias subyacentes de estos patrones nos permite apreciar la interacción entre los comportamientos individuales, los estímulos ambientales y las contingencias de refuerzo o castigo que moldean el comportamiento. Al profundizar en la dinámica matizada de los patrones de comportamiento adaptativos y desadaptativos, descubrimos la naturaleza multifacética del comportamiento humano y su notable capacidad de adaptación y cambio.

7. Medición y registro de respuestas conductuales:

Para comprender la naturaleza compleja de las respuestas conductuales, la medición y el registro meticulosos de las mismas son fundamentales para comprender las complejidades del comportamiento humano y animal. Este proceso implica la observación sistemática y la recopilación de datos para captar los matices y variaciones del comportamiento. Uno de los aspectos fundamentales de la medición de las respuestas conductuales es establecer definiciones operativas claras para los comportamientos estudiados. Esto permite a los investigadores identificar y clasificar con precisión las acciones que exhiben los sujetos bajo escrutinio.

Se emplean diversos métodos para medir y registrar las respuestas conductuales, cada uno con sus propias ventajas y limitaciones. La observación directa implica presenciar y documentar físicamente los comportamientos a medida que ocurren, lo que permite la recopilación de datos en tiempo real. Por otro lado, los enfoques tecnológicos, como la grabación de vídeo y los sensores de movimiento, ofrecen un análisis más preciso y detallado de los comportamientos, permitiendo a los investigadores revisar y analizar las respuestas repetidamente para discernir patrones y tendencias.

Además de la observación directa, se pueden utilizar autoinformes y entrevistas para recopilar datos introspectivos sobre comportamientos, pensamientos y sentimientos subjetivos. Si bien este método proporciona información valiosa sobre los procesos internos que subyacen al comportamiento, es crucial considerar los posibles sesgos y discrepancias que puedan surgir del autoinforme.

Una vez recopilados los datos, es fundamental emplear instrumentos de medición fiables y válidos para cuantificar y registrar con precisión las respuestas conductuales. Estos instrumentos abarcan desde simples listas de verificación y escalas de calificación hasta sofisticados dispositivos electrónicos diseñados para capturar parámetros conductuales específicos. La elección del instrumento de medición depende de la naturaleza de los comportamientos estudiados y de los objetivos de la investigación.

El registro de las respuestas conductuales requiere organizar y categorizar eficientemente los datos recopilados. Esto implica la creación de registros conductuales detallados que incluyan la frecuencia, duración, intensidad y latencia de los comportamientos observados. Además, el empleo de técnicas de muestreo sistemático permite la recopilación de datos representativos y minimiza el sesgo del observador.

El papel del contexto y los factores ambientales no puede pasarse por alto al medir y registrar las respuestas conductuales. Es fundamental considerar las variables situacionales y contextuales que pueden influir en el comportamiento, así como el impacto de los factores sociales y culturales en los patrones de comportamiento.

8. Influencia de los estímulos externos en los tipos de respuesta:

Los estímulos externos pueden abarcar una amplia gama de señales ambientales, incluyendo, entre otras, las entradas sensoriales, las interacciones sociales y los contextos situacionales. Comprender cómo los estímulos externos influyen en los tipos de respuesta es crucial para comprender las complejidades del comportamiento y los mecanismos mediante los cuales los patrones de comportamiento se manifiestan en diversos entornos.

El impacto de los estímulos externos en los tipos de respuesta se puede observar en diferentes ámbitos, desde simples reacciones reflejas hasta conductas más aprendidas. Por ejemplo, en un entorno de laboratorio, un individuo puede mostrar respuestas específicas ante diversas señales auditivas o visuales, lo que resalta la importancia de los estímulos externos para evocar reacciones conductuales distintas. De igual manera, en la vida diaria, los individuos muestran diversas respuestas a las situaciones sociales, influenciadas por señales externas como la comunicación verbal, el lenguaje corporal y las condiciones ambientales.

La influencia de los estímulos externos en los tipos de respuesta va más allá de las manifestaciones conductuales inmediatas. Las señales ambientales pueden servir como estímulos discriminativos, indicando la probabilidad de refuerzo o castigo asociado a conductas específicas. Mediante procesos de generalización y discriminación de estímulos, las personas aprenden a diferenciar las señales contextuales y a ajustar sus respuestas en consecuencia, lo que ilustra el profundo impacto de los estímulos externos en la modulación de la conducta.

Una exploración profunda de la influencia de los estímulos externos en los tipos de respuesta también requiere examinar las diferencias individuales en la respuesta a las señales ambientales. Factores como las experiencias pasadas, la predisposición genética y el aprendizaje social contribuyen en gran medida a la variabilidad en la percepción y respuesta de los individuos a los estímulos externos. Comprender estas diferencias individuales mejora nuestra comprensión de la naturaleza multifacética de las respuestas conductuales y enfatiza la necesidad de enfoques personalizados en las intervenciones y modificaciones conductuales.

Principios de la modificación del comportamiento

1. Introducción:

La perspectiva histórica de la modificación de conducta se remonta a los primeros estudios realizados por conductistas como B.F. Skinner, Iván Pávlov y John B. Watson, quienes sentaron las bases para comprender los principios del aprendizaje y la conducta. Estos pioneros enfatizaron la importancia de los factores ambientales en la configuración de la conducta y demostraron el potencial de la modificación conductual mediante el condicionamiento. El desarrollo de la modificación de conducta se ha visto influenciado por diversos enfoques teóricos, como el condicionamiento operante y el condicionamiento clásico, que han aportado valiosas perspectivas sobre los mecanismos del cambio de conducta.

En esencia, la modificación conductual busca generar cambios deseables en el comportamiento del individuo mediante técnicas sistemáticas derivadas de hallazgos empíricos y marcos teóricos. Enfatiza el uso del refuerzo positivo, el refuerzo negativo y el castigo como herramientas para moldear y controlar la conducta. La modificación conductual también considera factores como la motivación, la cognición y la emoción en el proceso de cambio de conducta, destacando la naturaleza multifacética del comportamiento humano. Además, considera el papel de las influencias sociales y culturales en el comportamiento, reconociendo la compleja interacción entre los determinantes individuales y ambientales.

Los objetivos de la modificación conductual abarcan una amplia gama de aplicaciones, incluyendo la psicología clínica, la educación, la gestión organizacional y el desarrollo personal. En entornos clínicos, las intervenciones de modificación conductual se utilizan para tratar diversos trastornos de salud mental, abordar conductas desadaptativas y promover el bienestar general. En contextos educativos, las estrategias de modificación conductual se emplean para mejorar los resultados del aprendizaje, gestionar las conductas en el aula y apoyar a estudiantes con diversas necesidades. En entornos organizacionales, las técnicas de modificación conductual se implementan para mejorar el rendimiento de los empleados, fomentar un ambiente laboral positivo y facilitar el cambio organizacional. Además, las personas buscan la modificación conductual para lograr el crecimiento personal, superar hábitos no saludables y alcanzar sus metas.

2. Perspectivas históricas y desarrollo:

La evolución histórica de la modificación de conducta se remonta a principios del siglo XX. Cabe destacar que el trabajo de B.F. Skinner desempeñó un papel fundamental en la formación de las bases de la modificación de conducta. La investigación y los experimentos de Skinner con el condicionamiento operante sentaron las bases para el análisis sistemático y la modificación de la conducta. Su conceptualización del refuerzo y el castigo como determinantes cruciales de la conducta ha tenido un profundo impacto en este campo. El posterior perfeccionamiento de estos conceptos por parte de destacados conductistas como E. L. Thorndike y John B. Watson impulsó aún más el desarrollo de la modificación de conducta.

A mediados del siglo XX se produjeron avances sustanciales en la aplicación de técnicas de modificación de conducta en diversos ámbitos, como la psicología clínica, la educación y la gestión organizacional. Esta época vio surgir la terapia conductual como un enfoque terapéutico diferenciado, con figuras influyentes como Joseph Wolpe y Albert Bandura que contribuyeron significativamente a sus aspectos teóricos y prácticos. Su trabajo pionero sentó las bases para el tratamiento eficaz de las conductas desadaptativas y los trastornos psicológicos mediante intervenciones conductuales.

En la segunda mitad del siglo XX, la integración de la modificación conductual con la psicología cognitiva dio origen a los enfoques cognitivo-conductuales, que combinaron los principios del conductismo con técnicas de reestructuración cognitiva. Esta integración amplió el alcance de la modificación conductual, permitiendo una comprensión más completa del comportamiento y la cognición humanos. La llegada de la tecnología revolucionó aún más el campo, proporcionando herramientas y metodologías innovadoras para la evaluación, la intervención y el monitoreo del comportamiento. A medida que el campo continúa evolucionando, los avances contemporáneos en neurociencia e investigación bioconductual están arrojando nueva luz sobre los mecanismos subyacentes a la modificación conductual. Con la colaboración interdisciplinaria entre la psicología, la neurociencia y campos afines, el futuro ofrece perspectivas prometedoras para el avance de la eficacia y la precisión de las técnicas de modificación conductual.

3. Principios básicos del análisis del comportamiento:

El principio fundamental del análisis conductual reside en el énfasis en las conductas observables como foco principal de estudio, en lugar de basarse en interpretaciones subjetivas o procesos mentales internos. Este enfoque permite la medición y el examen precisos de la conducta en contextos específicos, lo que conduce a una comprensión más sistemática de los patrones conductuales. Además, el análisis conductual reconoce la influencia de los factores ambientales, incluyendo antecedentes y consecuencias, en la formación y el mantenimiento de las conductas. Al identificar los determinantes ambientales de la conducta, los profesionales pueden diseñar intervenciones específicas para modificar y reforzar las conductas deseables, minimizando las indeseables. Otro principio clave es el concepto de relaciones funcionales entre las conductas y sus consecuencias, que destaca la dinámica de causa y efecto que rige las respuestas conductuales. Comprender estas relaciones permite a los profesionales implementar técnicas estratégicas de refuerzo y castigo de forma eficaz. Además, el análisis conductual enfatiza la importancia de las diferencias individuales en la respuesta a los estímulos ambientales y las experiencias de aprendizaje, reconociendo que los enfoques personalizados son esenciales para una modificación conductual exitosa. Este principio subraya la necesidad de estrategias de intervención personalizadas basadas en las características e historia únicas de cada individuo. Además, el principio de validación empírica es fundamental para el análisis conductual, lo que promueve el uso de métodos basados en la evidencia para evaluar la eficacia de las intervenciones de modificación de conducta. La investigación empírica rigurosa y la evaluación basada en datos contribuyen al avance del análisis conductual y sus aplicaciones en diversos entornos. Finalmente, las consideraciones éticas forman parte integral del análisis conductual, guiando a los profesionales en el cumplimiento de los estándares profesionales y la protección del bienestar y la autonomía de quienes se someten a la modificación de conducta. El cumplimiento de las directrices éticas garantiza que las intervenciones prioricen el bienestar y la dignidad de las personas, promoviendo prácticas responsables y respetuosas en el campo del análisis conductual. Un conocimiento profundo de estos principios fundamentales es indispensable para los profesionales que participan en la modificación de conducta.

4. Estrategias de refuerzo para el cambio de comportamiento:

La aplicación del refuerzo positivo, en el que las conductas deseables se recompensan con estímulos positivos, sirve como un medio eficaz para aumentar la probabilidad de que dichas conductas se repitan. Las recompensas tangibles, como fichas, premios o privilegios, se utilizan a menudo para reforzar la conducta positiva en contextos educativos y terapéuticos, fomentando la motivación y la participación. Además, los reforzadores sociales, como los elogios verbales, el estímulo y el reconocimiento, pueden influir significativamente en la conducta, sirviendo como herramientas poderosas para promover la conducta deseada. Por el contrario, el refuerzo negativo implica la eliminación de los estímulos aversivos tras la manifestación de la conducta objetivo, lo que aumenta la probabilidad de que se repita en el futuro. La implementación estratégica del refuerzo negativo en programas de modificación de conducta requiere una cuidadosa consideración de las preferencias y sensibilidades individuales para garantizar una práctica ética y eficaz. Comprender los principios de los programas de refuerzo es fundamental para optimizar las intervenciones de cambio de conducta. Ya sea mediante el refuerzo continuo, que proporciona refuerzo tras cada instancia de la conducta objetivo, o el refuerzo intermitente, donde el refuerzo se administra periódicamente, la elección del programa se adapta a los objetivos conductuales específicos y a la capacidad de respuesta del individuo. Además, la diferenciación entre programas de razón fija, razón variable, intervalo fijo e intervalo variable tiene una importancia considerable para la formación de patrones conductuales sostenidos. Los profesionales de la modificación conductual analizan estos programas para adaptar las estrategias de refuerzo que maximizan los resultados deseados y minimizan el riesgo de extinción o efectos secundarios no deseados. Es fundamental reconocer que la eficacia de las estrategias de refuerzo depende de la variabilidad individual, lo que requiere una evaluación y adaptación continuas. Por lo tanto, la naturaleza personalizada de la aplicación del refuerzo exige la colaboración entre profesionales, cuidadores y personas en proceso de modificación conductual, garantizando un enfoque cohesivo y multidimensional para promover un cambio conductual duradero.

5. Aplicación del castigo en la gestión de la conducta:

El castigo es un aspecto controvertido del manejo de la conducta, fundamental en el marco más amplio del condicionamiento operante. Abarca la aplicación de estímulos aversivos o la eliminación de refuerzos positivos con el fin de disminuir la probabilidad de conductas específicas. El uso eficaz de estrategias de castigo requiere una comprensión profunda de sus implicaciones y consideraciones.

Es fundamental diferenciar entre el castigo positivo, que implica la introducción de un estímulo adverso en respuesta a una conducta, y el castigo negativo, que implica la eliminación de un estímulo valioso como consecuencia de la conducta. Además, el momento y la constancia en la aplicación del castigo son fundamentales para su eficacia. La aplicación inadecuada o errática del castigo puede provocar resultados no deseados, como un aumento de la agresividad, el miedo o el desarrollo de conductas de evitación.

Se debe considerar cuidadosamente la dimensión ética de las intervenciones basadas en el castigo. El potencial de impactos emocionales y psicológicos adversos en las personas sujetas a medidas punitivas requiere un delicado equilibrio entre lograr un cambio de comportamiento y preservar el bienestar general. Además, los efectos a largo plazo del castigo, incluyendo su potencial para suprimir temporalmente la conducta en lugar de generar una modificación sostenida, exigen una implementación cautelosa.

Los gestores de conducta deben mantener un repertorio completo de estrategias e intervenciones alternativas, utilizando el castigo con moderación y criterio. Fundamentalmente, un enfoque proactivo que enfatiza el refuerzo positivo y la promoción de conductas deseables suele ser más eficaz para promover cambios duraderos y minimizar las repercusiones adversas. Cuando se aplica de forma discriminatoria y en consonancia con las directrices éticas, el castigo puede ser una herramienta valiosa dentro del amplio espectro de la gestión de la conducta. Los profesionales tienen la responsabilidad de aplicar las medidas punitivas de forma ética y responsable, teniendo siempre en cuenta las posibles consecuencias para el bienestar individual.

6. Papel del control de estímulos en el ajuste conductual:

El control de estímulos se refiere a la influencia de los estímulos discriminativos en el comportamiento de un individuo, determinando esencialmente cuándo ciertas conductas serán reforzadas o no. Comprender el papel del control de estímulos es crucial para modificar eficazmente el comportamiento, ya que permite a los profesionales identificar las señales ambientales específicas que desencadenan ciertas respuestas.

En la práctica, el control de estímulos implica el entrenamiento en discriminación, donde una persona aprende a responder a señales o indicios específicos, suprimiendo las respuestas en ausencia de estos. Al reforzar sistemáticamente las conductas solo en presencia de estímulos específicos, las personas se vuelven más hábiles para discriminar cuándo realizar una determinada conducta, lo que mejora el ajuste conductual.

El control de estímulos también abarca el concepto de generalización, mediante el cual el individuo exhibe la conducta deseada en entornos o situaciones distintas a las que la aprendió o reforzó inicialmente. Esta generalización de la conducta es un indicador clave del éxito de la modificación de la conducta, ya que indica que el individuo ha asociado eficazmente la conducta con una amplia gama de estímulos relevantes.

El papel del control de estímulos va más allá de las simples asociaciones entre señales y comportamientos, profundizando en las complejidades de los estímulos contextuales y discriminativos. Requiere un análisis minucioso de los factores ambientales que desencadenan o inhiben ciertos comportamientos, lo que permite intervenciones específicas destinadas a promover respuestas adaptativas y reducir los comportamientos desadaptativos.

Los profesionales también deben considerar la posibilidad de discriminación de estímulos, ya que las personas pueden tener dificultades para diferenciar entre estímulos similares, lo que genera inconsistencias en sus respuestas conductuales. Abordar los desafíos de la discriminación de estímulos mediante entrenamiento específico y técnicas de refuerzo es fundamental para perfeccionar la capacidad de una persona para discriminar con precisión entre estímulos relevantes y ajustar adecuadamente su comportamiento.

Comprender el control de estímulos es esencial para abordar cuestiones relacionadas con la generalización de estímulos, donde los individuos pueden exhibir la conducta deseada en presencia de estímulos irrelevantes pero similares. Técnicas como el desvanecimiento, que implica reducir gradualmente la relevancia de los estímulos discriminativos, pueden ayudar a los individuos a exhibir la conducta objetivo específicamente en respuesta a las señales deseadas, mejorando así la precisión del ajuste conductual.

7. Técnicas de modificación de conducta:

El moldeamiento y el encadenamiento son técnicas fundamentales empleadas en la modificación conductual para facilitar el desarrollo de conductas complejas mediante un proceso sistemático de refuerzo. El moldeamiento implica aproximaciones sucesivas hacia una conducta deseada, donde inicialmente se refuerza cualquier aproximación o aspecto de la conducta objetivo y, con el tiempo, solo se refuerzan las aproximaciones más cercanas hasta lograr la conducta final. Este moldeamiento gradual permite a las personas exhibir conductas que inicialmente podrían no estar presentes en su repertorio. Es una herramienta poderosa para desarrollar nuevas conductas o refinar las existentes. El encadenamiento, por otro lado, implica descomponer una conducta compleja en componentes más pequeños y manejables, que luego se enseñan y se vinculan para formar la secuencia conductual completa. Esta técnica es particularmente útil cuando se intenta enseñar a las personas una serie de acciones o respuestas en un orden específico. Al reforzar cada eslabón de la cadena, la persona aprende a realizar la secuencia completa. Comprender los conceptos de moldeamiento y encadenamiento es crucial para quienes practican la modificación conductual, ya que proporciona el marco para guiar sistemáticamente la conducta hacia los resultados deseados. La aplicación de estas técnicas requiere una planificación cuidadosa, una identificación clara de las conductas objetivo y un refuerzo constante del progreso. Además, la capacidad de moldear y encadenar conductas eficazmente requiere una comprensión profunda de las diferencias individuales, la motivación y los estilos de aprendizaje. La implementación exitosa de estas técnicas también exige una observación aguda, ya que los profesionales deben ser capaces de reconocer y reforzar los pasos más pequeños hacia la conducta deseada. Además, es fundamental considerar la complejidad de la tarea, la frecuencia y el momento de los refuerzos, y las posibles variaciones en las condiciones ambientales. El uso sostenido del moldeamiento y el encadenamiento puede generar cambios significativos en la conducta, contribuyendo en última instancia al éxito general de las intervenciones de modificación de conducta. Es importante considerar cuidadosamente las implicaciones éticas del uso de estas técnicas, garantizando que se respete la dignidad y la autonomía de las personas durante todo el proceso de moldeamiento y encadenamiento.

8. Generalización y discriminación:

La generalización y la discriminación desempeñan un papel fundamental para comprender cómo se aprenden y mantienen las conductas. La generalización se refiere al proceso mediante el cual una persona exhibe una respuesta aprendida a estímulos similares presentes durante la experiencia de aprendizaje original. En otras palabras, implica la extensión de una conducta aprendida a nuevos estímulos o situaciones que comparten similitudes con el contexto de aprendizaje original. Por ejemplo, si un niño aprende a decir "por favor" al pedir algo en casa, podría generalizar este comportamiento cortés a otros entornos, como la escuela o el supermercado. Comprender la generalización permite a los profesionales de la modificación de conducta anticipar cómo las conductas aprendidas podrían manifestarse en diversos contextos del mundo real. Por otro lado, la discriminación es la capacidad de diferenciar entre estímulos similares pero distintos y responder de forma diferente a cada uno. Aplicado a la modificación de conducta, el entrenamiento en discriminación implica enseñar a las personas a mostrar respuestas específicas solo en presencia de ciertos estímulos, mientras que las retienen en presencia de otros. Esta habilidad es crucial para ayudar a las personas a adaptarse a diversos entornos y entornos sociales, garantizando que se muestren las conductas apropiadas en situaciones específicas. Además, comprender la discriminación es esencial para abordar problemas como la sobregeneralización, donde una persona puede aplicar inapropiadamente una conducta aprendida a contextos no relacionados. Para promover una discriminación efectiva, los programas de modificación de conducta suelen incluir procedimientos sistemáticos de entrenamiento que implican la introducción y el refuerzo gradual del discernimiento entre estímulos relevantes. A medida que los profesionales de la modificación de conducta profundizan en las complejidades de la generalización y la discriminación, deben considerar la influencia de factores como el historial de refuerzo, la relevancia del estímulo y las señales contextuales en el proceso de aprendizaje y respuesta. Además, reconocer la interacción entre estos conceptos contribuye al desarrollo de estrategias de intervención dirigidas a promover las conductas deseadas y minimizar las respuestas indeseables en diversos entornos. Si bien la generalización y la discriminación representan aspectos de la modificación de conducta, dominar estos principios nos permite diseñar intervenciones integrales y adaptativas que optimizan los resultados del cambio de conducta para las personas en diversos ámbitos de la vida.

9. Consideraciones éticas en las prácticas de modificación de conducta:

Las consideraciones éticas son fundamentales en el ámbito de las prácticas de modificación de conducta, ya que inciden directamente en el bienestar y los derechos de las personas que se someten a dichas intervenciones. Uno de los principios éticos fundamentales que sustentan la modificación de conducta es el concepto de consentimiento informado. Es fundamental que las personas o sus tutores legales estén plenamente informados sobre la naturaleza, el propósito, los riesgos y los posibles beneficios de cualquier programa de modificación de conducta antes de dar su consentimiento para participar.

Los profesionales de la modificación de conducta deben garantizar que sus intervenciones se basen en evidencia científica sólida y las mejores prácticas. Esto implica realizar evaluaciones exhaustivas, utilizar herramientas de evaluación validadas y emplear intervenciones con eficacia y seguridad demostradas. Además, deben mantenerse informados sobre las últimas investigaciones y avances en el campo para mejorar continuamente la calidad de sus servicios y minimizar cualquier posible daño a sus clientes.

Además, la privacidad y la confidencialidad son consideraciones éticas cruciales en las prácticas de modificación de conducta. Los clientes tienen derecho a esperar que su información personal se mantenga confidencial, y los profesionales deben tomar las medidas adecuadas para salvaguardarla. Esto incluye obtener el consentimiento explícito antes de compartir cualquier información relacionada con el cliente con terceros y explicarles los límites de la confidencialidad al inicio de la intervención.

Otro aspecto ético crucial es evitar la coerción y la influencia indebida en los programas de modificación de conducta. Es fundamental que los profesionales creen un entorno donde los pacientes se sientan empoderados para tomar decisiones autónomas sobre su participación en el programa. Esto requiere una comunicación transparente, respeto por la autonomía y un enfoque en el bienestar del individuo.

La competencia cultural y la sensibilidad a la diversidad deben integrarse en las prácticas de modificación de conducta para garantizar que las intervenciones respondan a las necesidades, valores y creencias únicas de las diversas poblaciones. Los profesionales deben esforzarse por brindar servicios culturalmente sensibles y adaptar sus enfoques para que se ajusten a los antecedentes y preferencias culturales de sus clientes.

Finalmente, la evaluación y el seguimiento continuos de los estándares éticos en las prácticas de modificación de conducta son indispensables. Esto implica establecer políticas y procedimientos claros para abordar las preocupaciones éticas, brindar capacitación ética a los profesionales y crear canales para que los clientes expresen sus quejas o inquietudes sobre la conducta ética. Al defender estas consideraciones éticas, los profesionales pueden cultivar un ambiente de confianza, respeto e integridad en el campo de la modificación de conducta.

Mecanismos que sustentan el cambio de comportamiento

1. Introducción a los mecanismos de cambio de comportamiento:

Los mecanismos de cambio conductual son fundamentales para comprender el comportamiento humano y los procesos que lo modifican y moldean. En el campo de la psicología, se han desarrollado diversas teorías y modelos fundamentales para explicar los mecanismos subyacentes que impulsan el cambio conductual. Estas teorías sirven como marcos para comprender las complejidades del comportamiento humano y proporcionan información sobre cómo los individuos aprenden nuevos comportamientos, se adaptan a su entorno y modifican sus patrones de acción existentes.

Una de las teorías más influyentes en este ámbito es la Teoría del Aprendizaje Social propuesta por Albert Bandura. Esta teoría enfatiza el papel de la observación y la imitación en la adquisición y modificación de conductas. El concepto de autoeficacia de Bandura también subraya la confianza del individuo en su propia capacidad para dominar tareas y alcanzar metas, lo cual tiene profundas implicaciones para las intervenciones de cambio conductual.

El Modelo de Creencias de Salud, desarrollado por los psicólogos sociales Hochbaum, Rosenstock y Kegels en la década de 1950, explora los factores que influyen en la toma de decisiones de las personas sobre sus hábitos de salud. Este modelo identifica las señales de acción, la susceptibilidad percibida, la gravedad percibida, los beneficios percibidos y las barreras percibidas como componentes clave que influyen en el cambio de comportamiento relacionado con la salud, proporcionando así un marco valioso para investigadores y profesionales que trabajan en el ámbito de la psicología de la salud.

Además, el Modelo Transteórico del Cambio de Comportamiento, comúnmente conocido como el Modelo de Etapas del Cambio, define las distintas etapas por las que pasan las personas al modificar su comportamiento. El modelo identifica la precontemplación, la contemplación, la preparación, la acción y el mantenimiento como etapas secuenciales que intervienen en la generación de cambios duraderos en el comportamiento. Comprender estas etapas puede fundamentar el desarrollo de intervenciones personalizadas que apoyen eficazmente a las personas en diferentes etapas de su proceso de cambio de comportamiento.

Otra teoría fundamental es la Teoría del Comportamiento Planificado, que postula que la intención de un individuo es el determinante más inmediato de su comportamiento. Este modelo considera la actitud, las normas subjetivas y el control conductual percibido del individuo para predecir las intenciones conductuales y el cambio posterior. Por lo tanto, la teoría proporciona información práctica para diseñar estrategias de intervención que fomenten el cambio conductual.

Estas teorías y modelos fundamentales desempeñan un papel crucial a la hora de informar la investigación, la práctica clínica y los esfuerzos de salud pública destinados a influir y facilitar el cambio de comportamiento en diversos dominios de la actividad humana.

2. Perspectivas neurocientíficas sobre la modificación de la conducta:

La modificación de la conducta es un proceso complejo que puede comprenderse mejor desde la perspectiva neurocientífica. El estudio de cómo el cerebro y el sistema nervioso influyen en la conducta proporciona información valiosa sobre los mecanismos subyacentes al cambio conductual. Las técnicas de neuroimagen, como la resonancia magnética funcional (fMRI) y la tomografía por emisión de positrones (PET), han permitido a los investigadores observar y analizar la actividad cerebral asociada a diferentes conductas. Esto ha revelado la participación de diversas regiones cerebrales y sistemas de neurotransmisores en la mediación de las respuestas conductuales. Por ejemplo, estudios han demostrado que los procesos de toma de decisiones y las conductas relacionadas con la recompensa se asocian con la actividad del sistema dopaminérgico en la vía de recompensa del cerebro. Comprender estos mecanismos neuroquímicos puede orientar el desarrollo de intervenciones específicas para la modificación de la conducta. Además, los avances en la investigación sobre neuroplasticidad han puesto de relieve la notable capacidad del cerebro para reorganizarse en respuesta a la experiencia. Este fenómeno subraya el potencial de las personas para aprender nuevas conductas y hábitos mediante el entrenamiento intencional y la repetición. Además, los conocimientos derivados de los estudios sobre la conectividad neuronal y la dinámica de redes arrojan luz sobre cómo las diferentes regiones cerebrales se comunican y coordinan para producir y modificar la conducta. El mapeo de estas redes puede proporcionar una hoja de ruta para comprender la base neuronal de las conductas desadaptativas y diseñar estrategias para su modificación. Al desentrañar los fundamentos neurocientíficos de la modificación de la conducta, investigadores y profesionales pueden adaptar las intervenciones para abordar vías neuronales específicas y optimizar la probabilidad de un cambio exitoso. Además, este conocimiento puede ayudar a desarrollar enfoques personalizados que consideren las diferencias individuales en la función y la estructura cerebral. En definitiva, la integración de las perspectivas neurocientíficas en el estudio de la modificación de la conducta ofrece vías prometedoras para mejorar la eficacia de las intervenciones y promover un cambio conductual duradero.

3. El papel de las predisposiciones genéticas:

El campo de la genética conductual ha demostrado que ciertas variaciones genéticas pueden influir en la susceptibilidad de un individuo a rasgos y tendencias conductuales específicos. Estas predisposiciones, a menudo heredadas de los padres, pueden afectar la probabilidad de que un individuo presente ciertos comportamientos o responda a desencadenantes ambientales de maneras distintas.

Los investigadores han identificado genes específicos asociados con rasgos conductuales como la impulsividad, la agresividad y la susceptibilidad a las adicciones. Si bien las predisposiciones genéticas no determinan directamente el comportamiento, pueden influir significativamente en la probabilidad de desarrollar patrones de comportamiento específicos en respuesta a factores ambientales.

Comprender la interacción entre las predisposiciones genéticas y las influencias ambientales es fundamental para comprender la naturaleza matizada del cambio de comportamiento. Es importante reconocer que las predisposiciones genéticas proporcionan un marco fundamental que interactúa con los estímulos ambientales para moldear las respuestas conductuales de un individuo. Por ejemplo, las personas con predisposición genética a la impulsividad pueden ser más propensas a comportamientos impulsivos al exponerse a ciertos factores ambientales estresantes.

El estudio de la epigenética ha revelado la naturaleza dinámica de las predisposiciones genéticas, destacando cómo los factores ambientales pueden influir en la expresión génica y, posteriormente, alterar los resultados conductuales. Esta interacción entre la genética y el entorno subraya la complejidad de los mecanismos de cambio conductual, lo que pone de relieve la necesidad de un enfoque integral que integre tanto los factores genéticos como los ambientales.

Reconocer las predisposiciones genéticas puede tener profundas implicaciones para las intervenciones conductuales y los enfoques terapéuticos. Al comprender las predisposiciones genéticas de un individuo, se pueden diseñar intervenciones personalizadas para abordar tendencias conductuales específicas, optimizando así la eficacia de las estrategias de modificación de conducta.

4. Factores ambientales que influyen en el comportamiento:

El entorno externo, incluyendo el entorno social, cultural y físico, impacta significativamente el comportamiento de un individuo. Los entornos sociales, como la dinámica familiar, las relaciones con los pares y las normas sociales, pueden ejercer una profunda influencia en las acciones y decisiones de un individuo. Por ejemplo, la presencia de relaciones interpersonales enriquecedoras y de apoyo puede fomentar comportamientos positivos, mientras que los entornos sociales adversos pueden contribuir al desarrollo de patrones desadaptativos. De igual manera, las expectativas y valores culturales prevalecientes en una comunidad pueden moldear el comportamiento de un individuo al proporcionar pautas normativas para una conducta aceptable. El entorno físico, incluyendo el acceso a recursos, infraestructura y entornos naturales, también influye en el comportamiento. Los entornos ricos en recursos pueden promover comportamientos prosociales, mientras que los entornos escasos en recursos pueden conducir a expresiones de comportamiento competitivas o incluso agresivas. Además, el diseño y la disposición de los espacios físicos, como la planificación urbana y las características arquitectónicas, pueden impactar el comportamiento humano. Por ejemplo, los espacios públicos bien diseñados pueden fomentar la cooperación y la participación, mientras que los entornos mal planificados pueden fomentar sentimientos de aislamiento y desconexión. Además, la exposición a factores ambientales estresantes, como la contaminación, el ruido o el hacinamiento, puede desencadenar respuestas conductuales negativas y afectar el bienestar mental. Comprender el impacto multifacético de los factores ambientales en el comportamiento es esencial para implementar estrategias eficaces de modificación de conducta.

5. Plasticidad sináptica y aprendizaje:

La plasticidad sináptica, un proceso fundamental en el cerebro, implica la capacidad de las sinapsis de fortalecerse o debilitarse con el tiempo, lo que influye en la transmisión de señales entre neuronas. En el contexto del condicionamiento operante, la plasticidad sináptica es esencial para codificar nuevas respuestas conductuales y modificar las existentes.

A nivel celular, mecanismos como la potenciación a largo plazo (PLP) y la depresión a largo plazo (DLP) son cruciales para la plasticidad sináptica. La PLP se refiere al fortalecimiento persistente de las conexiones sinápticas, lo cual se asocia con la mejora de la comunicación neuronal y la consolidación de las representaciones de la memoria. Por otro lado, la DLP implica el debilitamiento de la transmisión sináptica, lo que permite al cerebro podar conexiones innecesarias y refinar sus circuitos neuronales.

El fenómeno de la plasticidad sináptica se alinea estrechamente con los principios del condicionamiento operante, ya que sustenta la base neurobiológica del aprendizaje mediante el refuerzo y el castigo. Cuando se refuerza una conducta específica, como ocurre con el refuerzo positivo en el condicionamiento operante, las vías neuronales asociadas experimentan cambios sinápticos que potencian las conexiones implicadas en la mediación de dicha conducta. Por otro lado, el castigo puede debilitar las conexiones sinápticas, lo que desalienta la recurrencia de la conducta objetivo.

El concepto de metaplasticidad, o la plasticidad de la plasticidad sináptica, arroja luz sobre la naturaleza dinámica de los cambios sinápticos en respuesta a experiencias previas. Esta característica adaptativa permite al cerebro ajustar sus mecanismos de plasticidad en función de factores ambientales y conductuales previos, lo que mejora su capacidad de aprendizaje y adaptación a nuevos estímulos. Dado que el condicionamiento operante se basa en la modificación del comportamiento mediante consecuencias, la interacción entre la plasticidad sináptica y la metaplasticidad sirve como sustrato neuronal para la adquisición y el refinamiento de las respuestas condicionadas.

Comprender la relación entre la plasticidad sináptica y el condicionamiento operante permite comprender cómo la capacidad del cerebro para reconfigurar sus circuitos en respuesta al refuerzo, el castigo y las señales ambientales se traduce en la adquisición y expresión de conductas adaptativas. Además, los avances en la investigación sobre la plasticidad sináptica ofrecen prometedoras vías para el desarrollo de intervenciones destinadas a optimizar los procesos de aprendizaje y mitigar las conductas desadaptativas.

6. Procesos cognitivos en el condicionamiento operante:

Los procesos cognitivos influyen en cómo los individuos perciben, interpretan y responden a los estímulos ambientales. En el contexto de la modificación de conducta, los factores cognitivos contribuyen a la adquisición, el mantenimiento y la extinción de las conductas aprendidas. Un aspecto clave de los procesos cognitivos en el condicionamiento operante es la atención del individuo a las señales ambientales y la posterior codificación de la información relevante. Esta atención selectiva determina qué estímulos tienen mayor probabilidad de provocar respuestas conductuales, lo que influye en el reforzamiento o el castigo de conductas específicas.

Los procesos cognitivos abarcan la representación mental de los resultados deseados y la evaluación de las posibles acciones para alcanzarlos. Las personas participan en procesos internos de deliberación y toma de decisiones basados en su comprensión de las consecuencias asociadas a diferentes comportamientos. Esta evaluación cognitiva influye en la probabilidad de realizar comportamientos específicos y en la respuesta al refuerzo y al castigo.

Los procesos cognitivos contribuyen a la generalización y discriminación de las conductas aprendidas. Mediante la categorización cognitiva, las personas distinguen entre diversas señales contextuales y determinan la pertinencia de determinadas respuestas conductuales en diferentes situaciones. Esta flexibilidad cognitiva permite ajustes conductuales adaptativos y la modulación de las respuestas en función de las contingencias ambientales cambiantes.

Además, los factores cognitivos influyen en la autorregulación del comportamiento, incluyendo aspectos como el establecimiento de metas, la autosupervisión y la autoevaluación. Estos procesos metacognitivos permiten a las personas regular y modificar sus propios comportamientos estableciendo metas alcanzables, monitoreando su progreso y ajustando estrategias con base en la retroalimentación y la reflexión interna. La autorregulación es particularmente importante para mantener cambios conductuales a largo plazo y prevenir recaídas.

7. Reguladores emocionales y su influencia en el comportamiento:

Las emociones desempeñan un papel fundamental en la configuración del comportamiento humano y sus respuestas a los estímulos. La interacción entre los estados emocionales y los resultados conductuales es un aspecto complejo, pero integral, del condicionamiento operante. Reguladores emocionales como el miedo, la alegría, la ira y la tristeza pueden influir profundamente en el repertorio conductual de un individuo. Comprender los mecanismos a través de los cuales las emociones impactan el comportamiento es esencial para comprender las complejidades de los procesos de condicionamiento operante. La regulación emocional implica la capacidad de reconocer y gestionar las propias respuestas emocionales, lo que a su vez configura los patrones de comportamiento. La investigación en psicología y neurociencia ha arrojado luz sobre las vías neuronales y las regiones cerebrales implicadas en la regulación emocional y su impacto en el comportamiento. La amígdala, la corteza prefrontal y el hipocampo son áreas clave implicadas en la modulación de las respuestas emocionales y las posteriores adaptaciones conductuales. Además, la interacción entre neurotransmisores como la serotonina, la dopamina y la noradrenalina dilucida aún más la relación entre los estados emocionales y las elecciones conductuales. Asimismo, los factores sociales y ambientales contribuyen significativamente a la regulación de las emociones y, en consecuencia, a las alteraciones conductuales. La presencia de redes sociales de apoyo, el refuerzo positivo de los compañeros y la exposición a entornos enriquecedores pueden mejorar las capacidades de regulación emocional y fomentar conductas más adaptativas. Por el contrario, los contextos sociales adversos y el estrés crónico pueden conducir a estados emocionales desregulados, resultando en conductas desadaptativas. Es imperativo reconocer la relación bidireccional entre las emociones y la conducta en el contexto del condicionamiento operante. Las emociones no solo sirven como poderosos reforzadores o castigadores, sino que también contribuyen a la adquisición de nuevas conductas y a la extinción de las existentes. Por ejemplo, la experiencia de alegría tras completar con éxito una tarea puede reforzar la probabilidad de repetir la conducta, mientras que el miedo al fracaso puede actuar como un poderoso factor disuasorio. Reconocer la influencia matizada de las emociones en la conducta es crucial para diseñar estrategias efectivas de modificación de la conducta. La integración de técnicas de regulación emocional, como las prácticas de atención plena y la reevaluación cognitiva, en las intervenciones de modificación de la conducta es prometedora para mejorar los resultados del tratamiento.

8. Contextos sociales y adaptaciones conductuales:

En el campo de la psicología conductual, la influencia de los contextos sociales en las adaptaciones conductuales individuales es un tema de profunda importancia y complejidad. Los entornos sociales desempeñan un papel fundamental en la formación y modelación del comportamiento humano, actuando a menudo como determinantes importantes de las acciones y respuestas de un individuo. A través de las interacciones sociales, los individuos exhiben una amplia gama de adaptaciones conductuales que se ajustan perfectamente a la dinámica de su entorno social inmediato. Comprender los mecanismos a través de los cuales los contextos sociales impactan las adaptaciones conductuales proporciona información invaluable sobre las complejidades del comportamiento humano.

Un aspecto clave de los contextos sociales que influyen en las adaptaciones conductuales reside en el poder de las normas y expectativas sociales. Estos estándares sociales y reglas no escritas sirven como guías, tanto explícitas como implícitas, para el comportamiento individual dentro de una comunidad o grupo determinado. La adhesión a las normas sociales, o por el contrario, la desviación de ellas, puede moldear significativamente el repertorio conductual de un individuo. Por ello, los individuos suelen demostrar notables capacidades adaptativas para conformar o ajustar su comportamiento según las normas sociales imperantes, mostrando así un alto grado de adaptabilidad ante las presiones sociales.

El concepto de modelado social, propuesto por el reconocido psicólogo Albert Bandura, explica cómo las personas adquieren nuevos comportamientos mediante la observación e imitación de otros en su entorno social. Al observar e imitar las acciones de modelos a seguir o compañeros, las personas experimentan adaptaciones conductuales fuertemente influenciadas por su entorno social. Este proceso no solo facilita la asimilación de nuevos patrones de comportamiento, sino que también subraya el impacto del contexto social en el cambio de comportamiento.

La red social y las relaciones interpersonales de un individuo contribuyen significativamente a la configuración de sus adaptaciones conductuales. La calidad y la naturaleza de las conexiones sociales, incluyendo la dinámica familiar, las amistades y las relaciones profesionales, ejercen una profunda influencia en el comportamiento de un individuo. Por ejemplo, se ha demostrado que los sistemas de apoyo social fomentan adaptaciones conductuales positivas, mientras que el aislamiento social o las relaciones adversas pueden conducir a conductas desadaptativas. La interacción dinámica entre las afiliaciones sociales de un individuo y las adaptaciones conductuales resultantes subraya la relación entre los contextos sociales y el comportamiento humano.

Además, las influencias culturales dentro de los contextos sociales son fundamentales para moldear las adaptaciones conductuales en diversas poblaciones. Las normas, tradiciones y valores culturales moldean las expresiones conductuales de los individuos dentro de un entorno cultural específico. Comprender la interacción sutil entre cultura y comportamiento proporciona información crucial sobre las conductas adaptativas observadas en diferentes grupos culturales, lo que enfatiza la importancia de los contextos sociales para impulsar la diversidad conductual.

La definición de refuerzo - Positivo y negativo

1. Perspectivas históricas sobre la teoría del refuerzo:

Las raíces históricas de la teoría del reforzamiento se remontan a principios del siglo XX, con el trabajo pionero de investigadores como Edward Thorndike y B.F. Skinner. La influyente «ley del efecto» de Thorndike proponía que las conductas seguidas de resultados favorables tienen mayor probabilidad de repetirse, mientras que las seguidas de resultados desfavorables tienen menor probabilidad de repetirse. Esto sentó las bases para comprender los principios del reforzamiento y su papel en la modelación del comportamiento.

Basándose en el trabajo de Thorndike, B.F. Skinner profundizó en el concepto de refuerzo, distinguiendo entre refuerzo positivo y negativo. Su desarrollo de la cámara de condicionamiento operante, o «caja de Skinner», permitió realizar estudios controlados sobre los efectos del refuerzo en la conducta. Estos experimentos fundamentales aportaron respaldo empírico a los principios del refuerzo y condujeron al desarrollo de las teorías conductuales modernas.

La evolución de la teoría del refuerzo también implicó la integración de perspectivas cognitivas, con investigadores como Albert Bandura enfatizando el papel de los procesos cognitivos en el aprendizaje mediante el refuerzo. La teoría del aprendizaje social de Bandura amplió la comprensión del refuerzo más allá del condicionamiento directo, ilustrando el impacto del aprendizaje observacional y el modelado en el refuerzo de conductas.

La aplicación de los principios del reforzamiento trascendió la investigación académica y se extendió a entornos reales, como la educación, la psicología clínica y la gestión del comportamiento organizacional. Las implicaciones de la teoría del reforzamiento han tenido una profunda influencia en diversos campos, mejorando nuestra comprensión del comportamiento humano y los mecanismos del cambio conductual.

Con el tiempo, los fundamentos teóricos del reforzamiento se han perfeccionado y ampliado, incorporando perspectivas interdisciplinarias de la neurociencia, la psicología y la economía del comportamiento. Las perspectivas contemporáneas continúan explorando las complejidades de los procesos de reforzamiento, incluyendo las interacciones matizadas entre las diferencias individuales, los factores culturales y las influencias ambientales.

2. Mecanismos y aplicaciones del refuerzo positivo:

El refuerzo positivo es una herramienta poderosa para moldear la conducta, abarcando una amplia gama de mecanismos y aplicaciones con profundas implicaciones en diversos ámbitos. En esencia, el refuerzo positivo implica la presentación de un estímulo deseable tras una conducta, lo que aumenta la probabilidad de recurrencia de esta. Uno de los mecanismos fundamentales que subyacen al refuerzo positivo es el concepto de condicionamiento operante, en el cual las consecuencias de una acción influyen en la probabilidad de su repetición. Esta forma de condicionamiento fomenta el aprendizaje mediante la asociación de conductas con resultados positivos.

En la práctica, el refuerzo positivo puede aplicarse en diversos entornos, como la educación, la terapia y la gestión organizacional. En contextos educativos, los educadores utilizan el refuerzo positivo para motivar a los estudiantes, cultivar los comportamientos deseados y facilitar el proceso de aprendizaje. Al ofrecer elogios, recompensas o privilegios por un desempeño ejemplar o por el cumplimiento de las normas del aula, los docentes pueden crear un entorno de aprendizaje positivo y de apoyo, a la vez que fomentan la participación y el rendimiento académico.

El refuerzo positivo desempeña un papel fundamental en las intervenciones terapéuticas, en particular en las terapias conductuales. Los terapeutas conductuales utilizan el refuerzo positivo para fomentar conductas adaptativas y desalentar las desadaptativas, contribuyendo así a la mejora de la salud mental y al bienestar general. La aplicación del refuerzo positivo en entornos terapéuticos se extiende a diversas poblaciones, desde niños con trastornos del desarrollo hasta personas que enfrentan adicciones o ansiedad.

Además de la educación y la terapia, las estrategias de refuerzo positivo también son fundamentales en la gestión organizacional. Los líderes pueden emplear técnicas de refuerzo positivo para motivar a los empleados, fortalecer la moral en el trabajo y crear una cultura corporativa positiva. Al reconocer y recompensar el desempeño excepcional, fomentar un ambiente laboral propicio y brindar oportunidades de crecimiento profesional, las organizaciones pueden mejorar la satisfacción, la productividad y la retención de los empleados.

Es crucial reconocer las consideraciones éticas y las posibles limitaciones asociadas con el uso del refuerzo positivo. Si bien moldea eficazmente la conducta, la dependencia excesiva del refuerzo positivo por sí sola puede generar inquietudes sobre la motivación intrínseca y la autonomía. Por lo tanto, una implementación cuidadosa y la consideración de las diferencias individuales son esenciales al aplicar técnicas de refuerzo positivo, garantizando así un enfoque equilibrado para la modificación de la conducta.

3. Refuerzo positivo versus negativo:

El refuerzo positivo implica la presentación de un estímulo deseable tras una conducta, con el objetivo de aumentar la probabilidad de que dicha conducta se repita en el futuro. Por el contrario, el refuerzo negativo implica la eliminación o evitación de un estímulo aversivo tras la ocurrencia de una conducta específica, reforzando así la probabilidad de que dicha conducta se repita. A pesar de sus mecanismos divergentes, tanto el refuerzo positivo como el negativo sirven como potentes herramientas para moldear la conducta.

Una distinción significativa reside en la naturaleza de los estímulos involucrados. El refuerzo positivo introduce una consecuencia favorable para reforzar una conducta, como elogiar al completar una tarea o dar una golosina a una mascota por las acciones deseadas. Por otro lado, el refuerzo negativo se centra en la eliminación de un estímulo desagradable tras la ejecución de una conducta específica, como por ejemplo, apagar una alarma sonora tras realizar una acción prescrita o evitar una situación incómoda mediante una conducta específica. Comprender esta diferencia es crucial para desarrollar intervenciones adaptadas a patrones de comportamiento específicos.

El momento y la forma de aplicación difieren entre el refuerzo positivo y el negativo. El refuerzo positivo generalmente requiere la administración inmediata del estímulo reforzante tras la conducta deseada para establecer la asociación eficazmente. Por el contrario, el refuerzo negativo requiere la interrupción del estímulo aversivo una vez que se produce la conducta deseada. Esta discrepancia en el momento subraya la necesidad de un enfoque matizado al implementar estrategias de refuerzo.

Otro aspecto clave a considerar es el posible impacto en la motivación individual y la respuesta emocional. Si bien el refuerzo positivo suele fomentar sentimientos de ánimo, satisfacción y plenitud, el refuerzo negativo puede aliviar la ansiedad, el estrés o el malestar. Reconocer las implicaciones psicológicas de cada tipo de refuerzo es vital para evaluar su eficacia y las consideraciones éticas en las intervenciones conductuales.

Comprender la diferenciación entre el refuerzo positivo y negativo es fundamental para aprovechar los principios del condicionamiento operante en la modificación de conducta. Esto nos permite diseñar planes de refuerzo personalizados que se adaptan a las conductas específicas y a las necesidades individuales, maximizando la eficacia de las intervenciones. Al comprender las sutiles distinciones y aplicaciones del refuerzo positivo y negativo, se pueden aprovechar estos mecanismos para facilitar cambios conductuales positivos y optimizar los resultados del aprendizaje.

4. Estudios empíricos que respaldan los principios de refuerzo:

La investigación empírica proporciona evidencia científica de la eficacia de diferentes estrategias de refuerzo y nos ayuda a comprender los mecanismos subyacentes a la modificación de la conducta. Innumerables estudios experimentales han explorado el impacto del refuerzo en diversas conductas, arrojando luz sobre sus diversas aplicaciones en diferentes entornos. Estos estudios suelen emplear metodologías rigurosas, que incluyen experimentos controlados, análisis observacionales y manipulación sistemática de variables para investigar cómo el refuerzo influye en la conducta.

Un área de investigación empírica de gran impacto se centra en el uso del refuerzo positivo en la educación. Numerosos estudios han demostrado la eficacia de emplear técnicas de refuerzo positivo para mejorar los resultados de aprendizaje, tanto en el ámbito académico como en el conductual. Al reforzar sistemáticamente los comportamientos deseados con recompensas como elogios, privilegios o incentivos tangibles, los educadores han logrado moldear positivamente el comportamiento de los estudiantes y fomentar su participación activa en el proceso de aprendizaje. Estos hallazgos subrayan el valor práctico del refuerzo positivo en entornos educativos y destacan su potencial para fomentar un entorno de aprendizaje propicio.

Las investigaciones empíricas han profundizado en las implicaciones de los programas de refuerzo en la conducta. Mediante estudios meticulosamente diseñados con programas de refuerzo, los investigadores han dilucidado los efectos diferenciales de diversas contingencias de refuerzo, incluyendo los programas de razón fija, razón variable, intervalo fijo e intervalo variable. Estos estudios no solo han aportado información sobre la predictibilidad y la persistencia de la conducta bajo diferentes programas de refuerzo, sino que también han contribuido al desarrollo de teorías integrales sobre las conductas inducidas por programas y la conducta de elección.

Además, estudios empíricos han examinado el uso de técnicas de refuerzo en contextos clínicos y terapéuticos. La investigación en este campo ha aportado evidencia contundente de la eficacia de las intervenciones basadas en el refuerzo para abordar una amplia gama de problemas de conducta, como fobias, adicciones y trastornos del desarrollo. Al reforzar sistemáticamente las conductas adaptativas o deseadas y eliminar las desadaptativas, profesionales clínicos y terapeutas han logrado mejoras significativas en la conducta y el bienestar emocional de los pacientes, lo que subraya la relevancia clínica y la eficacia de los principios del refuerzo.

5. Programas de refuerzo:

Los programas de refuerzo se refieren a los patrones o secuencias específicos mediante los cuales se aplican los refuerzos tras determinadas conductas. Estos programas pueden variar en función del momento y la frecuencia de los refuerzos, lo que en última instancia determina la durabilidad y la solidez de las conductas aprendidas. Existen varios tipos de programas de refuerzo, cada uno con efectos distintos en la conducta.

Uno de los programas de refuerzo más fundamentales es el programa de refuerzo continuo, en el que la conducta deseada se refuerza cada vez que ocurre. Este programa es excepcionalmente eficaz para establecer y fortalecer inicialmente la conducta deseada. Sin embargo, puede no ser siempre viable o práctico para el mantenimiento a largo plazo de la conducta debido a la escasez de recursos o a una posible dependencia excesiva del refuerzo continuo.

En cambio, los programas de refuerzo intermitentes implican reforzar la conducta deseada solo ocasionalmente. Estos programas pueden adoptar diversas formas, como programas de razón fija, de razón variable, de intervalo fijo y de intervalo variable. Cada tipo de programa tiene características únicas que influyen en la conducta de distintas maneras. Por ejemplo, los programas de razón fija refuerzan la conducta tras un número específico de respuestas, mientras que los de intervalo variable refuerzan la conducta tras intervalos de tiempo impredecibles.

La elección del programa de reforzamiento es fundamental, ya que afecta directamente la tasa de respuesta, la resistencia a la extinción y la consistencia general del comportamiento. La manipulación de los programas de reforzamiento es frecuente en diversos entornos del mundo real, como la educación, la crianza y la gestión organizacional.

Comprender los efectos de los diferentes programas de refuerzo es esencial para profesionales y educadores que buscan moldear y mantener eficazmente los comportamientos deseados. Además, el conocimiento de los programas de refuerzo es una herramienta valiosa para abordar conductas desadaptativas y promover cambios positivos. Al aplicar estratégicamente los programas de refuerzo, las personas pueden generar cambios de comportamiento sostenibles y cultivar entornos propicios para el aprendizaje y el crecimiento.

A medida que avanza la investigación conductual, es imperativo profundizar en las complejidades de los programas de refuerzo y sus efectos matizados sobre la conducta. Una mayor comprensión de estas dinámicas ofrece un gran potencial para perfeccionar las intervenciones, optimizar los métodos de instrucción y optimizar las estrategias de gestión conductual en diversos ámbitos.

6. Desafíos y conceptos erróneos en la aplicación del refuerzo:

La aplicación eficaz de métodos de refuerzo en la modificación de conducta se enfrenta a diversos desafíos y malentendidos que requieren una cuidadosa consideración. Un desafío notable reside en la complejidad de las conductas individuales, ya que interactúan con diversos factores ambientales. Puede ser difícil predecir con precisión las respuestas conductuales e identificar los refuerzos adecuados para cada situación específica. Además, pueden surgir malentendidos en torno a las técnicas de refuerzo debido a interpretaciones erróneas o simplificaciones excesivas de las teorías conductuales. Esto puede llevar a intentos erróneos de modificar la conducta sin lograr los resultados deseados. Asimismo, las consideraciones éticas en la aplicación del refuerzo representan un desafío significativo, ya que garantizar el bienestar y la autonomía de las personas es primordial. Evitar la coerción y respetar los límites personales al implementar estrategias de refuerzo requiere una comprensión cuidadosa de los dilemas éticos. Otro desafío es la posibilidad de consecuencias no deseadas al emplear el refuerzo. Si bien la conducta deseada puede reforzarse, existe el riesgo de reforzar inadvertidamente conductas indeseables. Esto subraya la importancia de una administración precisa del refuerzo y una monitorización continua para mitigar estas incidencias. Un refuerzo impreciso o inconsistente puede resultar en el refuerzo de conductas no deseadas, lo que dificulta la eficacia general de la intervención. Además, la sostenibilidad y el mantenimiento a largo plazo de las conductas reforzadas plantean un desafío considerable. Garantizar que los efectos del refuerzo perduren más allá del período inmediato de intervención exige una planificación estratégica y medidas de seguimiento integrales. Un desafío adicional surge de la necesidad de adaptar las estrategias de refuerzo para tener en cuenta las diferencias individuales y las variaciones contextuales, reconociendo que lo que funciona para una persona puede no ser efectivo para otra. Abordar los conceptos erróneos en la aplicación del refuerzo implica disipar mitos y dilucidar los principios sutiles que subyacen al condicionamiento operante. Los conceptos erróneos comunes, como equiparar el refuerzo únicamente con las recompensas o pasar por alto las complejidades del refuerzo negativo, requieren aclaración para promover una comprensión más precisa de estos conceptos. Además, es esencial superar la idea errónea de que el refuerzo es exclusivamente aplicable en entornos experimentales controlados. La aplicación práctica de las técnicas de refuerzo requiere ser consciente de la naturaleza dinámica y multifacética de las interacciones entre la conducta y el entorno. Para superar estos desafíos y conceptos erróneos, los profesionales deben participar en una educación y capacitación continuas, aprovechando prácticas basadas en evidencia y estudios de casos para mejorar su competencia en la aplicación del refuerzo.

Mecanismos de castigo - Clasificación y estrategias

1. El castigo en el marco del condicionamiento operante:

El castigo, en el contexto del condicionamiento operante, actúa como un mecanismo crucial para modificar la conducta. A diferencia del refuerzo, cuyo objetivo es fortalecer y aumentar la probabilidad de conductas específicas, el castigo comprende la aplicación de consecuencias aversivas para disminuir o suprimir acciones o respuestas indeseables. Este concepto implica que, tras una conducta indeseada, la introducción de un resultado adverso o la eliminación de un estímulo positivo actúa para disuadir su recurrencia en el futuro. Este proceso se alinea con los principios del condicionamiento operante, según el cual la conducta se ve condicionada por sus consecuencias.

Al aplicar el castigo, es fundamental reconocer que la eficacia de esta técnica depende de diversos factores, como el momento, la consistencia y la intensidad de los estímulos aversivos. Además, es crucial comprender la distinción entre castigo y refuerzo negativo. Mientras que el castigo busca disuadir ciertas conductas mediante la imposición de resultados desfavorables, el refuerzo negativo opera eliminando o evitando los estímulos adversos tras la manifestación de la conducta deseada, lo que aumenta la probabilidad de que dicha conducta se repita.

Dentro del marco del condicionamiento operante, existen dos categorías principales de castigo: positivo y negativo. El castigo positivo implica la administración de un estímulo desagradable tras una conducta indeseada, mientras que el castigo negativo implica la eliminación de un estímulo deseable tras la misma acción indeseada. Mediante estos mecanismos, los individuos y los organismos aprenden a asociar conductas específicas con consecuencias desfavorables, ajustando finalmente su repertorio conductual para mitigar dichas consecuencias.

Es importante destacar que la eficacia del castigo está intrínsecamente ligada al procesamiento cognitivo y emocional del individuo. Los factores cognitivos y afectivos influyen en cómo el receptor interpreta y responde a las medidas punitivas. Además, las consideraciones éticas desempeñan un papel fundamental a la hora de determinar la pertinencia de implementar el castigo en las prácticas de modificación de conducta. Por lo tanto, se debe prestar especial atención al posible impacto psicológico del empleo de medidas punitivas, en particular considerando las posibles implicaciones para el bienestar mental y el bienestar general.

Es fundamental reconocer las limitaciones y posibles inconvenientes del castigo dentro del paradigma del condicionamiento operante. Si bien el castigo puede inicialmente conducir a una reducción de conductas indeseadas, existe el riesgo de efectos secundarios no deseados, como aumento de la ansiedad, resistencia o el desarrollo de conductas desadaptativas alternativas como mecanismos de afrontamiento. Por lo tanto, una comprensión integral del castigo dentro del marco del condicionamiento operante requiere explorar sus implicaciones matizadas y su aplicación estratégica para garantizar su uso ético y pragmático en la modificación conductual.

2. La distinción entre castigo y refuerzo:

El reforzamiento implica el proceso de fortalecer una conducta específica mediante una consecuencia en respuesta a dicha conducta. Esta consecuencia puede ser positiva, al añadir un estímulo gratificante, o negativa, al eliminar un estímulo aversivo. Por otro lado, el castigo busca disminuir la probabilidad de que una conducta se repita mediante la introducción de una consecuencia aversiva posterior.

Una diferencia clave entre el castigo y el refuerzo reside en su propósito subyacente. El refuerzo busca fomentar y promover una conducta deseada, mientras que el castigo se implementa para desalentar y reducir la ocurrencia de una conducta no deseada. Es fundamental que quienes practican el condicionamiento operante comprendan esta diferencia fundamental, ya que su aplicación incorrecta o confusión puede afectar significativamente los resultados conductuales.

El refuerzo y el castigo difieren en las consecuencias específicas que producen. El refuerzo fortalece o intensifica una conducta, aumentando su probabilidad de ocurrencia en el futuro. Por el contrario, el castigo debilita o suprime una conducta, reduciendo su probabilidad futura. Comprender estos resultados distintivos es fundamental para seleccionar el enfoque adecuado para modificar la conducta eficazmente.

Otro factor crítico para diferenciar el castigo del refuerzo se relaciona con el impacto emocional y psicológico en el individuo. El refuerzo, en particular el positivo, suele generar sentimientos de recompensa, satisfacción y motivación, reforzando la asociación del individuo con la conducta deseada. Por el contrario, el castigo introduce consecuencias aversivas que pueden inducir ansiedad, miedo o angustia, lo que podría generar asociaciones psicológicas negativas con la conducta deseada.

El momento y la consistencia de su aplicación también distinguen el castigo del refuerzo. El refuerzo debe ser oportuno y consistente para reforzar eficazmente la conducta deseada. En cambio, el castigo requiere una administración rápida y constante, pero también debe aplicarse con moderación y criterio para evitar efectos secundarios no deseados, como el aumento de la agresividad o la indefensión aprendida.

3. Tipos de castigo - Positivo y negativo:

En el contexto del condicionamiento operante, el castigo sirve como una herramienta crucial para modificar la conducta mediante la aplicación de consecuencias aversivas. El castigo positivo implica la administración de un estímulo desfavorable tras una conducta para disminuir la probabilidad de que dicha conducta se repita en el futuro. Por otro lado, el castigo negativo implica la eliminación de un estímulo deseable en respuesta a una conducta, con el objetivo de reducir su recurrencia en situaciones posteriores. Comprender la distinción entre estas dos formas de castigo es fundamental para diseñar estrategias efectivas de modificación de conducta. El castigo positivo se basa en la presentación de algo indeseable para disuadir la conducta indeseada, mientras que el castigo negativo se centra en eliminar algo deseable para lograr el mismo objetivo. Las consecuencias asociadas a cada tipo de castigo desempeñan un papel crucial en la configuración de las respuestas conductuales del individuo. Tanto el castigo positivo como el negativo tienen implicaciones para los procesos emocionales y cognitivos de quienes se someten a ellos. El impacto psicológico de experimentar cualquiera de las dos formas de castigo puede influir en la actitud del individuo hacia la conducta específica e incluso hacia quien la administra. Es importante considerar los posibles efectos secundarios y las implicaciones éticas del uso del castigo en la modificación de conducta. Al implementar un castigo positivo, se debe considerar cuidadosamente la naturaleza del estímulo aversivo para garantizar que sea apropiado y proporcional a la conducta a la que se dirige. Asimismo, en el caso del castigo negativo, la eliminación del estímulo deseado debe comunicar eficazmente la consecuencia de la conducta sin causar angustia innecesaria.

4. El estímulo aversivo:

Un estímulo aversivo, en el contexto del condicionamiento operante, se refiere a un estímulo que un organismo intentará evitar constantemente. Implica la presentación u ocurrencia de algo displacentero, lo que resulta en una disminución de la conducta que lo precede. Un aspecto fundamental para comprender el estímulo aversivo reside en comprender su impacto en la conducta y los procesos de aprendizaje. Cuando las personas experimentan un estímulo aversivo después de una conducta específica, tienden a modificar sus acciones para evitar encontrarlo en el futuro. Los estímulos aversivos pueden adoptar diversas formas, desde la incomodidad física hasta la angustia emocional. Por ejemplo, en un entorno experimental controlado, un estímulo aversivo podría implicar descargas eléctricas leves, ruidos fuertes u olores desagradables. En situaciones del mundo real, los estímulos aversivos podrían abarcar reprimendas, críticas o exclusión social. La intensidad y la duración de estos estímulos aversivos pueden influir significativamente en su impacto en la conducta.

5. Variables que influyen en la eficacia del castigo:

La eficacia del castigo en la modificación de conducta se ve influenciada por una multitud de variables que requieren una cuidadosa consideración. Un factor crucial es el momento en que se aplica el castigo en relación con la conducta indeseable. Las investigaciones han demostrado sistemáticamente que el castigo inmediato, en lugar del diferido, es más eficaz para suprimir la conducta objetivo. Esto subraya la importancia de la aplicación oportuna y consistente del castigo dentro del marco del condicionamiento operante.

La intensidad del estímulo punitivo desempeña un papel fundamental para determinar su eficacia. Si bien es esencial administrar un estímulo aversivo con el impacto suficiente para disuadir la conducta indeseada, una intensidad excesiva puede conllevar consecuencias adversas, como un aumento del miedo o la ansiedad. Por lo tanto, lograr un equilibrio en la intensidad del castigo es crucial para lograr el cambio de comportamiento deseado.

Otra variable que influye significativamente en la eficacia del castigo es su consistencia. La aplicación constante del castigo tras la conducta indeseada refuerza la asociación entre la conducta y las consecuencias aversivas, facilitando así su extinción con el tiempo. Por otro lado, el castigo inconsistente o esporádico puede generar confusión e impedir los resultados deseados.

La naturaleza de la conducta castigada y las diferencias individuales entre los sujetos también deben tenerse en cuenta al evaluar la eficacia del castigo. Ciertas conductas pueden ser más resistentes al castigo debido a sus cualidades reforzantes inherentes o a la predisposición del individuo. Comprender estos matices es esencial para adaptar las estrategias de castigo y abordar eficazmente problemas de conducta específicos.

Además, el entorno en el que se administra el castigo puede afectar su eficacia. Factores como la presencia de fuentes alternativas de refuerzo, la dinámica social y el contexto general en el que se produce la conducta pueden influir en la percepción del castigo y su posterior impacto en la modificación de la conducta.

6. Consideraciones éticas en la aplicación del castigo:

La aplicación del castigo en la modificación de conducta plantea importantes consideraciones éticas que deben abordarse cuidadosamente. Una preocupación ética fundamental se refiere al potencial daño que puede causar la administración del castigo. Si bien el castigo puede tener como objetivo disuadir conductas indeseables, su aplicación puede provocar efectos emocionales y psicológicos adversos en la persona sometida al estímulo aversivo. Esto es especialmente relevante al considerar el uso del castigo físico o emocional, ya que puede provocar un trauma duradero y perjudicar el bienestar del individuo.

Además, existe una cuestión ética crucial en cuanto al grado de control y consentimiento en la aplicación del castigo. En muchos entornos, las personas pueden carecer de la autonomía o la voz para oponerse a las medidas punitivas que se les imponen. Esta falta de autonomía plantea interrogantes sobre la imparcialidad y la justicia del empleo del castigo como medio para modificar la conducta. Además, la dinámica de poder que implica la administración del castigo exige una cuidadosa consideración para garantizar que no se ejerza de forma arbitraria o abusiva.

Surgen dilemas éticos al abordar las implicaciones a largo plazo del castigo. Si bien el castigo puede suprimir conductas indeseadas a corto plazo, su impacto duradero en el estado mental y emocional del individuo, así como en su relación con quien lo aplica, requiere un análisis exhaustivo. Es necesario evaluar si las medidas punitivas fomentan un entorno saludable y propicio para un cambio de comportamiento sostenible sin comprometer la dignidad y la autonomía del individuo.

Otra cuestión ética profunda se centra en las alternativas al castigo en el contexto de la modificación de conducta. Es fundamental explorar y priorizar el refuerzo positivo y las estrategias no coercitivas para inducir conductas deseables. Enfatizar la promoción de conductas constructivas en lugar de basarse únicamente en medidas punitivas se alinea con el principio ético de fomentar el crecimiento y el desarrollo sin recurrir a tácticas punitivas.

7. Estrategias para implementar un castigo efectivo:

La implementación exitosa del castigo como estrategia de modificación de conducta requiere un enfoque juicioso que considere la naturaleza individualizada de la conducta y la importancia de las consideraciones éticas. Establecer estrategias efectivas de castigo implica una comprensión integral de las circunstancias en las que se aplica, así como el impacto potencial que puede tener en el individuo o sujeto en cuestión. Al considerar la implementación del castigo, es crucial identificar primero la conducta específica que requiere modificación. Una delimitación clara y específica de la conducta objetivo garantiza que la aplicación del castigo se mantenga enfocada y tenga un propósito. Además, la importancia de la consistencia es fundamental. La consistencia en la aplicación del castigo implica asegurar que las conductas indeseadas se satisfagan consistentemente con las consecuencias predeterminadas, reforzando así la relación de causa y efecto entre la conducta y sus repercusiones. Asimismo, establecer expectativas claras y comunicar de forma transparente las consecuencias de las conductas contribuye a fomentar un entorno donde las personas comprendan las implicaciones de sus acciones. Es imperativo establecer un sistema tangible de recompensas y reconocimiento por la conducta positiva junto con las medidas punitivas, promoviendo un enfoque equilibrado hacia la modificación de conducta. Además, es fundamental adaptar el castigo a la infracción cometida. La severidad y la duración de las medidas punitivas deben estar directamente relacionadas con el grado de la transgresión, alineando así las consecuencias con la conducta exhibida. Al evaluar la eficacia del castigo, también debe considerarse la puntualidad de su administración. Imponer la consecuencia con prontitud tras la ocurrencia de la conducta indeseada refuerza la asociación entre ambas, mejorando así el potencial de ajuste conductual. Igualmente importante es la necesidad de un monitoreo continuo de las repercusiones del castigo. La evaluación regular del impacto de las medidas punitivas en la conducta del individuo sirve para evaluar la eficacia de la estrategia y determinar los ajustes necesarios. Esto implica estar atentos a la observación no solo de los cambios a corto plazo en la conducta, sino también de los efectos a largo plazo que puedan manifestarse con el tiempo. En definitiva, adoptar un enfoque multifacético que combine la observación diligente, la aplicación constante, la conciencia ética y la calibración personalizada es fundamental para implementar un castigo efectivo como medio de modificación conductual.

8. Medición del impacto - Efectos a corto y largo plazo

Comprender los efectos a corto y largo plazo de la implementación de medidas punitivas es crucial para comprender su eficacia general. Los efectos a corto plazo suelen manifestarse inmediatamente después de la administración del castigo. Estos pueden incluir una disminución temporal de la frecuencia de la conducta objetivo o una manifestación inicial de respuestas de evitación. Sin embargo, es esencial profundizar y considerar la posible reaparición de la conducta una vez que se eliminan las medidas punitivas. Este fenómeno resalta la importancia de evaluar los efectos a largo plazo del castigo. Los efectos a largo plazo abarcan el impacto sostenido de las intervenciones punitivas en la conducta durante períodos prolongados. Es fundamental reconocer que las repercusiones del castigo pueden extenderse más allá de la supresión inmediata de la conducta. Por ejemplo, las personas sometidas a medidas punitivas pueden experimentar niveles elevados de estrés y ansiedad, lo que puede tener efectos duraderos en su bienestar emocional y en su relación con quien las castiga. Además, la eficacia a largo plazo del castigo para modificar la conducta requiere un análisis desde múltiples perspectivas, incluyendo su influencia en la motivación, la resiliencia y el estado psicológico general del individuo. Evaluar las consecuencias a largo plazo también implica examinar las posibles implicaciones para la percepción individual de las figuras de autoridad, el entorno de aprendizaje y su motivación intrínseca. Considerando estas dinámicas, investigadores y profesionales deben adoptar un enfoque meticuloso para evaluar el impacto duradero del castigo, considerando las diferencias individuales, los factores situacionales y las consideraciones éticas inherentes a la aplicación de estrategias punitivas. El uso de herramientas de evaluación robustas, como estudios longitudinales, observaciones conductuales y autoinformes, puede proporcionar información valiosa sobre las ramificaciones duraderas del uso del castigo en programas de modificación de conducta. Además, captar los efectos a largo plazo del castigo requiere una comprensión matizada de los procesos de cambio de conducta, que abarque no solo las acciones observables, sino también las facetas cognitivas y emocionales.

La extinción en contextos conductuales

1. Fundamentos históricos de la extinción en psicología:

La extinción, como concepto dentro del campo de la psicología, tiene profundas raíces históricas que han influido significativamente en su comprensión y aplicación en contextos conductuales. Sus orígenes se remontan al trabajo de Iván Pávlov, cuya innovadora investigación sobre el condicionamiento clásico sentó las bases para posteriores exploraciones del aprendizaje y la conducta. Fue a través de los experimentos de Pávlov con perros que el fenómeno de la extinción comenzó a emerger como un componente fundamental de la modificación conductual. Al presentar sistemáticamente estímulos condicionados sin el estímulo incondicionado subsiguiente, Pávlov observó una disminución gradual de la respuesta condicionada, un proceso que denominó «extinción». Este trabajo inicial sentó las bases para el estudio sistemático de la extinción y sus implicaciones para el conductismo. Más allá de Pávlov, figuras eminentes como B.F. Skinner profundizaron en la comprensión de la extinción dentro del marco más amplio del condicionamiento operante. Los influyentes experimentos de Skinner con programas de reforzamiento y la extinción de conductas previamente reforzadas contribuyeron significativamente a la evolución de la teoría de la extinción. Además, la evolución histórica de la extinción en psicología refleja cambios en paradigmas teóricos y metodologías, lo que revela la perdurable relevancia de este concepto en la configuración de nuestra comprensión del comportamiento humano y animal. A medida que evolucionaron las perspectivas psicológicas, también lo hizo la conceptualización de la extinción, dando lugar a interpretaciones matizadas que integraron factores cognitivos y emocionales en el proceso de extinción. Los fundamentos históricos de la extinción en psicología no solo arrojan luz sobre sus fundamentos empíricos, sino que también subrayan su perdurable importancia en la investigación contemporánea y en el ámbito aplicado.

2. Marcos teóricos que subyacen a la extinción:

La extinción, como proceso conductual, se fundamenta en diversos marcos teóricos que han contribuido a nuestra comprensión de cómo las conductas dejan de manifestarse en respuesta a señales o estímulos ambientales específicos. Un marco teórico destacado se basa en los principios del condicionamiento operante, donde el concepto de extinción subraya la ausencia de refuerzo tras la ocurrencia de una conducta previamente reforzada. Según este marco, el mecanismo subyacente de la extinción se centra en la eliminación de la consecuencia reforzante, lo que conlleva una reducción en la frecuencia e intensidad de la conducta objetivo. Esta relación causal entre la eliminación del refuerzo y el posterior declive de la conducta constituye la base de la perspectiva del condicionamiento operante sobre la extinción. Otro marco teórico proviene del campo de la psicología cognitiva, donde se exploran los procesos cognitivos implicados en los fenómenos de extinción. Las teorías cognitivas postulan que la extinción implica una reevaluación de las asociaciones aprendidas entre estímulos y respuestas, lo que lleva al debilitamiento o la eliminación gradual de los patrones de conducta previamente adquiridos. Estas teorías enfatizan el papel de las representaciones mentales, la percepción y los procesos de memoria en la extinción de conductas y dilucidan la reestructuración cognitiva que ocurre durante dicho proceso. Además, las teorías evolutivas proporcionan una perspectiva adicional sobre la extinción al situarla en el contexto más amplio de la conducta adaptativa. Desde un punto de vista evolutivo, la extinción se interpreta como un mecanismo adaptativo que permite a los organismos recalibrar sus repertorios conductuales en respuesta a los cambios ambientales. Este marco enfatiza el valor adaptativo de extinguir conductas obsoletas y destaca los beneficios evolutivos asociados con la capacidad de cesar conductas improductivas o desadaptativas. Además, los enfoques neurocientíficos de la extinción dilucidan los sustratos y procesos neuronales involucrados en la extinción de conductas. Profundizan en los fundamentos neurobiológicos de la extinción, enfatizando el papel de la plasticidad neuronal, las modificaciones sinápticas y los sistemas de neurotransmisores en la mediación del proceso de extinción. Los conocimientos de la neurociencia ofrecen una comprensión integral de los mecanismos neuronales que subyacen a la codificación, recuperación y extinción de las conductas aprendidas, arrojando luz sobre la interacción entre las estructuras cerebrales y los resultados conductuales.

3. Extinción versus Castigo - Aclaraciones conceptuales:

La extinción se refiere al debilitamiento gradual y la supresión final de una conducta previamente reforzada debido a la ausencia de consecuencias reforzantes. En cambio, el castigo implica la presentación de consecuencias aversivas tras una conducta, lo que disminuye la frecuencia o probabilidad de que dicha conducta se repita. Una diferencia fundamental radica en la naturaleza de los efectos sobre la conducta: mientras que la extinción hace que la conducta se vuelva menos frecuente y finalmente cese, el castigo busca reducir activamente la ocurrencia de la conducta objetivo mediante la aplicación de medidas punitivas. Además, los mecanismos subyacentes a la extinción y al castigo difieren en cuanto a su impacto en el aprendizaje y la motivación del individuo. La extinción se centra principalmente en la eliminación del refuerzo, alterando así la expectativa del individuo de obtener resultados deseables, mientras que el castigo introduce un elemento de incomodidad o aversión asociado a la conducta, influyendo en la respuesta del individuo mediante asociaciones negativas. Es esencial reconocer que la distinción entre extinción y castigo se extiende más allá de sus resultados inmediatos para abarcar las consideraciones éticas y prácticas más amplias de las intervenciones conductuales. Al implementar procedimientos de extinción, los profesionales deben analizar cuidadosamente las posibles implicaciones éticas de la retención del refuerzo, asegurándose de emplear métodos alternativos para abordar eficazmente la conducta objetivo. Por otro lado, la aplicación del castigo requiere una evaluación exhaustiva de su pertinencia y sus posibles consecuencias no deseadas, lo que enfatiza la necesidad de una toma de decisiones responsable e informada.

4. El proceso de extinción:

La extinción implica el debilitamiento gradual y la supresión final de una conducta previamente reforzada como resultado de su falta de reforzamiento. Comprender los mecanismos y las etapas de la extinción es fundamental tanto para profesionales como para investigadores. El proceso de extinción abarca varios mecanismos interconectados que contribuyen a su eficacia. En primer lugar, implica la interrupción de la contingencia establecida entre la conducta y su consecuencia reforzante. Esto altera la asociación aprendida, lo que lleva a una disminución en la frecuencia e intensidad de la conducta objetivo. Además, la extinción conlleva un elemento de aprendizaje inhibitorio, en el que los individuos aprenden que el estímulo que una vez reforzó ya no tiene su valor previo. Como resultado, la conducta disminuye a medida que el individuo deja de esperar la consecuencia reforzante. Además, el proceso de extinción opera en un contexto más amplio de generalización de la respuesta, donde la ausencia de reforzamiento se extiende a conductas similares, contribuyendo también a su declive. Estos mecanismos, en conjunto, sustentan el complejo proceso de extinción. El proceso de extinción se desarrolla en distintas etapas, cada una con sus características propias. Inicialmente, cuando cesa el refuerzo, se produce un aumento temporal en la frecuencia e intensidad de la conducta. Este fenómeno, conocido como estallido de extinción, es previsible, ya que el individuo prueba la exhaustividad del programa de refuerzo antes de disminuir gradualmente la conducta. Posteriormente, la conducta entra en una fase de variabilidad, con fluctuaciones en la frecuencia e intensidad a medida que el individuo busca respuestas alternativas para obtener refuerzo. Es fundamental que los profesionales estén atentos a esta fase para gestionar y abordar eficazmente la conducta en extinción. Tras la etapa de variabilidad, se produce una disminución posterior en la frecuencia de la conducta hasta alcanzar un estado estable de mínima ocurrencia.

5. Factores que influyen en la eficacia de los procedimientos de extinción:

Los procedimientos de extinción, si bien tienen un gran potencial para modificar la conducta, se ven influenciados por numerosos factores que pueden afectar significativamente su eficacia. Un factor clave que influye en la eficacia de los procedimientos de extinción es la intensidad inicial de la conducta reforzada. Las conductas que se han reforzado de forma constante a lo largo del tiempo, especialmente aquellas con un programa de refuerzo elevado, pueden resultar más resistentes a la extinción, lo que requiere una implementación prolongada y constante de los procedimientos de extinción. Además, el momento y la consistencia en la implementación de los procedimientos de extinción desempeñan un papel crucial. La aplicación inconsistente o intermitente de la extinción puede provocar la reaparición ocasional de la conducta extinguida, conocida como recuperación espontánea. Asimismo, el contexto en el que se produce la extinción es crucial. Las señales ambientales y los factores situacionales pueden influir en la generalización de los efectos de la extinción, lo que subraya la importancia de llevar a cabo la extinción en diversos contextos para promover un cambio conductual amplio. Otra consideración crucial es la presencia de fuentes alternativas de refuerzo. Si se dispone de fuentes alternativas de refuerzo, se puede impedir la extinción de una conducta específica. Además, las diferencias individuales en el historial de aprendizaje, la motivación y los procesos cognitivos pueden influir en la respuesta a los procedimientos de extinción. Estas variaciones individuales requieren enfoques personalizados y una cuidadosa consideración de las características únicas del alumno. El estado emocional y afectivo del organismo también influye en la eficacia de la extinción, ya que una mayor excitación emocional puede afectar el proceso de extinción. Factores como el miedo y la ansiedad pueden complicar la extinción de ciertas conductas, lo que resalta la necesidad de una evaluación y gestión integrales de las respuestas emocionales durante los procedimientos de extinción. Finalmente, la duración e intensidad de los procedimientos de extinción deben ser cuidadosamente deliberadas. Si bien la exposición prolongada a los ensayos de extinción puede producir resultados favorables, los procedimientos excesivamente largos pueden inducir frustración y agresión inducida por la extinción. Un enfoque equilibrado, basado en la comprensión de estos factores multifacéticos, es esencial para optimizar la eficacia de los procedimientos de extinción.

6. Desafíos y conceptos erróneos en la implementación de la extinción:

La implementación de estrategias de extinción en contextos conductuales presenta numerosos desafíos y malentendidos que requieren una cuidadosa consideración. Uno de los principales desafíos reside en el posible resurgimiento de conductas previamente extinguidas, especialmente cuando el procedimiento de extinción no se mantiene de forma consistente. Este fenómeno subraya la crucial necesidad de vigilancia y adherencia al protocolo de extinción para prevenir la reaparición de conductas indeseadas. Además, la persistencia temporal de los efectos de la extinción plantea un desafío, ya que los individuos u organismos pueden presentar una supresión temporal de la conducta en lugar de un cese permanente. Esta reducción transitoria de la conducta puede generar malentendidos sobre la efectividad de la extinción, lo que enfatiza la importancia de una implementación y un monitoreo continuos. Los malentendidos en torno a la definición y aplicación de la extinción también pueden impedir su implementación exitosa. Una comunicación y educación claras son fundamentales para disipar malentendidos y garantizar que el proceso de extinción se comprenda y ejecute correctamente. Asimismo, las consideraciones éticas y los posibles efectos aversivos asociados con las técnicas de extinción presentan desafíos éticos y prácticos. Equilibrar el uso ético de la extinción con los resultados conductuales deseados requiere una evaluación exhaustiva y la consideración de las posibles implicaciones para el bienestar del sujeto. Las limitaciones prácticas, como la disponibilidad de recursos y los factores ambientales, complican aún más la implementación eficaz de los procedimientos de extinción. Comprender estos desafíos y las ideas erróneas es crucial para los profesionales e investigadores en el campo de la modificación conductual. Abordar estas cuestiones mediante la formación, la supervisión y la investigación continuas puede mejorar la aplicación eficaz de las estrategias de extinción y contribuir al avance de las intervenciones conductuales. Al reconocer activamente estos desafíos, los profesionales pueden mitigar los posibles obstáculos y optimizar los resultados de los enfoques basados en la extinción en diversos contextos conductuales.

7. La integración de la extinción con estrategias de refuerzo:

Mientras que la extinción implica la eliminación del refuerzo tras una conducta objetivo, las estrategias de refuerzo se centran en aumentar la probabilidad de recurrencia de una conducta mediante la aplicación de refuerzos positivos o negativos. Al comprender los matices de la integración de la extinción con las estrategias de refuerzo, los profesionales pueden diseñar intervenciones eficaces para abordar las conductas desadaptativas en diversos entornos.

Una consideración clave al integrar la extinción con las estrategias de reforzamiento es la evaluación cuidadosa de las conductas objetivo y sus antecedentes. Identificar los desencadenantes y las señales ambientales específicas que provocan la conducta indeseada es esencial para elaborar un plan de intervención eficaz. Una vez identificados estos antecedentes, se pueden emplear estrategias de reforzamiento para promover conductas alternativas y adaptativas. Simultáneamente, se pueden implementar procedimientos de extinción para reducir sistemáticamente la frecuencia de la conducta desadaptativa, eliminando las consecuencias reforzantes que la mantenían previamente.

Una integración exitosa requiere una comprensión detallada de los posibles efectos secundarios y desafíos asociados con los procedimientos de extinción. Por ejemplo, los profesionales deben estar atentos a la posibilidad de un aumento inicial en la frecuencia o intensidad de la conducta objetivo —a menudo denominada explosión de extinción— antes de observar una disminución en la conducta. Además, la ocurrencia de una recuperación espontánea, donde la conducta previamente extinguida resurge tras un período sin refuerzo, requiere una planificación estratégica para prevenir recaídas.

La sincronización y la consistencia de la administración del refuerzo son componentes vitales para integrar la extinción con las estrategias de refuerzo. Equilibrar la disminución gradual del refuerzo para la conducta no deseada, a la vez que se refuerza constantemente la conducta alternativa deseada, es un proceso delicado. Esto requiere una planificación precisa y una evaluación continua para garantizar que la frecuencia y el programa de refuerzo se ajusten a los objetivos de la intervención.

Igualmente importante es la implementación ética de la extinción en el marco de las estrategias de reforzamiento. Los profesionales deben priorizar el bienestar y los derechos de las personas que se someten a modificación de conducta y garantizar que los procedimientos de extinción se utilicen con cuidado y experiencia. Cuando se implementa de forma ética y eficaz, la integración de la extinción con las estrategias de reforzamiento puede contribuir significativamente al éxito a largo plazo de las intervenciones de modificación de conducta y promover un cambio conductual duradero.

EJEMPLOS E ILUSTRACIONES

Ejemplos reales de condicionamiento operante

El condicionamiento operante está presente en numerosas facetas de la vida cotidiana. Consideremos el uso generalizado de sistemas de recompensas en el lugar de trabajo: los empleados pueden recibir bonificaciones u otros incentivos por alcanzar objetivos de rendimiento, lo que ilustra la aplicación del refuerzo positivo. Por otro lado, medidas punitivas como las multas por infracciones de tráfico ejemplifican la implementación del castigo para reducir comportamientos no deseados. En el ámbito del comportamiento del consumidor, los programas de fidelización que ofrecen las empresas reflejan la utilización de estrategias de refuerzo para moldear los hábitos de compra. Además, la prevalencia de la adicción a los teléfonos inteligentes subraya las consecuencias no deseadas de los programas de refuerzo intermitentes, que llevan a las personas a revisar compulsivamente sus dispositivos. El impacto de las redes sociales en el comportamiento, con los "me gusta" y los comentarios como estímulos de refuerzo, resalta aún más la omnipresencia del condicionamiento operante en la sociedad contemporánea. En el ámbito deportivo, los entrenadores emplean técnicas de refuerzo para mejorar las habilidades y la motivación de los atletas, lo que en última instancia influye en los resultados de rendimiento. Asimismo, el diseño de software educativo a menudo incorpora principios de condicionamiento operante, utilizando retroalimentación interactiva y recompensas para facilitar el aprendizaje.

Condicionamiento operante en entornos educativos

Los educadores y psicólogos reconocen desde hace tiempo el potencial del condicionamiento operante para moldear y modificar las conductas de aprendizaje del alumnado. Al analizar el condicionamiento operante en entornos educativos, una aplicación importante se relaciona con la gestión del comportamiento. Mediante la implementación de estrategias de refuerzo, los educadores pueden fomentar el comportamiento positivo y desalentar la conducta negativa en el aula. Mediante el uso del refuerzo positivo, como elogios, recompensas o privilegios, los docentes pueden reforzar las conductas deseables, aumentando así la probabilidad de que se repitan. El refuerzo negativo, que implica la eliminación de estímulos aversivos tras la conducta deseada, también puede contribuir a reforzar la conducta positiva del alumnado.

El concepto de moldear el comportamiento mediante aproximaciones sucesivas resulta valioso en contextos educativos. Utilizando esta técnica, los educadores pueden guiar gradualmente a los estudiantes hacia la manifestación del comportamiento deseado, reforzando pequeños pasos hacia el objetivo final. Este enfoque es particularmente eficaz en la enseñanza de habilidades complejas o al trabajar con estudiantes que inicialmente pueden tener dificultades con ciertas tareas.

Considerando el papel del castigo, es fundamental actuar con cautela en los entornos educativos. Si bien el castigo puede utilizarse para disuadir conductas indeseables, debe implementarse con criterio y apegado a consideraciones éticas. El uso incontrolado del castigo puede tener efectos emocionales o psicológicos adversos en los estudiantes y socavar la eficacia general del entorno educativo.

El condicionamiento operante también desempeña un papel fundamental en la promoción del aprendizaje autorregulado y la motivación del alumnado. Al reforzar el esfuerzo, la perseverancia y el aprendizaje autónomo, los educadores pueden cultivar un sentido de autonomía y motivación intrínseca en el alumnado. Esto puede conducir a un mayor compromiso, un mejor rendimiento académico y una actitud positiva hacia el aprendizaje.

Aplicaciones en Psicología Clínica

Los profesionales clínicos utilizan los principios del condicionamiento operante para lograr cambios conductuales positivos en sus pacientes. Mediante la aplicación de técnicas de refuerzo y castigo, pueden abordar conductas desadaptativas y promover un funcionamiento psicológico más saludable. Por ejemplo, en el tratamiento de los trastornos de ansiedad, la desensibilización sistemática, una forma de condicionamiento operante, se emplea a menudo para ayudar a las personas a superar sus miedos y ansiedades. Al exponer gradualmente a los pacientes a los estímulos temidos, al tiempo que se fomenta la relajación y las estrategias de afrontamiento, los profesionales clínicos aplican los principios del condicionamiento operante para ayudar a los pacientes a replantear sus respuestas ante situaciones que les provocan ansiedad. Asimismo, en el tratamiento de los trastornos por consumo de sustancias, las técnicas de condicionamiento operante se utilizan ampliamente para reforzar la abstinencia y desalentar las conductas de búsqueda de sustancias. Las terapias conductuales, como la gestión de contingencias, ofrecen un enfoque estructurado para incentivar la sobriedad mediante el refuerzo positivo. Asimismo, los principios del condicionamiento operante se integran en las intervenciones terapéuticas para niños con discapacidades del desarrollo. Los profesionales clínicos colaboran con las familias y los educadores para implementar planes de modificación de conducta que incorporan estrategias de refuerzo positivo para cultivar las conductas deseadas y mitigar las problemáticas. Este enfoque colaborativo y personalizado ejemplifica la versatilidad y eficacia de las aplicaciones del condicionamiento operante en psicología clínica. Además, en el contexto de los trastornos del estado de ánimo, las intervenciones de condicionamiento operante se adaptan para abordar síntomas depresivos o maníacos específicos. Al estructurar el entorno para promover la participación en actividades gratificantes, los profesionales clínicos aprovechan el condicionamiento operante para aumentar las conductas adaptativas y reducir las aversivas. En definitiva, la integración de los principios del condicionamiento operante en la psicología clínica subraya su relevancia para abordar una amplia gama de trastornos psicológicos y mejorar el bienestar general. El uso de técnicas de modificación de conducta basadas en la evidencia y arraigadas en el condicionamiento operante no solo refleja la naturaleza dinámica de la psicología clínica, sino que también destaca el potencial para promover cambios significativos y duraderos en la vida de las personas.

El papel del condicionamiento operante en el comportamiento en el lugar de trabajo

Al comprender los principios del condicionamiento operante, empleadores y gerentes pueden moldear eficazmente el comportamiento de los empleados para que se alinee con los objetivos y valores de la organización. Un aspecto clave del condicionamiento operante en el entorno laboral es el uso del refuerzo para fomentar comportamientos deseables. El refuerzo positivo implica recompensar a los empleados por demostrar comportamientos deseados, como alcanzar objetivos de rendimiento, demostrar trabajo en equipo o demostrar habilidades de liderazgo. Al proporcionar refuerzo positivo, las organizaciones pueden motivar a los empleados a exhibir constantemente comportamientos que contribuyen a la productividad y al éxito general. Por el contrario, el refuerzo negativo implica eliminar los estímulos aversivos cuando se exhibe el comportamiento deseado, reforzando aún más las acciones deseadas.

Además del refuerzo, el uso estratégico del castigo también influye en el comportamiento laboral. Los empleadores pueden implementar castigos, como reprimendas o medidas disciplinarias, para reducir la incidencia de comportamientos indeseables en el lugar de trabajo. Es fundamental tener en cuenta que la aplicación del castigo debe considerarse cuidadosamente y aplicarse con criterio para evitar crear un ambiente laboral negativo. Comprender el momento adecuado y la consistencia del castigo es crucial para mitigar los efectos adversos en la moral y la motivación de los empleados.

El concepto de extinción es relevante para abordar conductas indeseables en el entorno laboral. Cuando ciertas conductas dejan de reforzarse, pueden disminuir gradualmente o extinguirse. Por ejemplo, si un empleado presenta una conducta disruptiva para llamar la atención, suspender el refuerzo por dichas acciones puede llevar a una reducción de la conducta con el tiempo.

La implementación eficaz del condicionamiento operante en el entorno laboral requiere una profunda comprensión de las diferencias individuales y del impacto de los factores ambientales en el comportamiento. Los directivos deben considerar las preferencias y motivaciones únicas de sus empleados al diseñar estrategias de refuerzo. Además, crear un entorno laboral propicio y enriquecedor puede mejorar la eficacia de las técnicas de condicionamiento operante, fomentando una cultura de mejora continua y respeto mutuo.

Técnicas de crianza y resultados conductuales

Los principios del condicionamiento operante pueden aplicarse eficazmente en el ámbito de la crianza para fomentar conductas deseables y desalentar las indeseables. Cuando los padres implementan estrategias de refuerzo consistentes, esencialmente moldean la conducta de sus hijos mediante el condicionamiento operante. Por ejemplo, el uso de refuerzo positivo, como elogios verbales o recompensas, cuando un niño exhibe conductas positivas, puede fortalecerlas con el tiempo. Por el contrario, el uso juicioso del castigo, en forma de consecuencias para conductas negativas, puede ayudar a desalentar conductas no deseadas. Es fundamental que los padres comprendan que la eficacia de estas técnicas reside en su consistencia e idoneidad. La consistencia refuerza las conductas deseadas y la claridad en la comunicación sobre expectativas y consecuencias. Además, aplicar el condicionamiento operante en la crianza también implica comprender el concepto de moldeamiento, donde el refuerzo gradual guía al niño hacia conductas más complejas y deseables. Esta técnica permite a los niños progresar sistemáticamente en su desarrollo conductual. Asimismo, el uso de la extinción, donde ciertas conductas no se refuerzan y eventualmente disminuyen, es otro aspecto que los padres deben considerar al emplear el condicionamiento operante en la crianza. Es importante destacar que la implementación exitosa de estas técnicas requiere un delicado equilibrio entre calidez, apoyo y estructura en la relación padre-hijo. Las investigaciones han demostrado que los enfoques de crianza positiva basados en los principios del condicionamiento operante pueden conducir a una mejor autorregulación, competencia social y bienestar general en los niños.

Entrenamiento animal y refuerzo conductual

El adiestramiento animal y el refuerzo conductual constituyen ámbitos destacados donde se emplean ampliamente los principios del condicionamiento operante. Entrenadores de animales de diversas disciplinas, desde entrenadores de mamíferos marinos en parques acuáticos hasta entrenadores de perros que trabajan con unidades caninas, se basan en técnicas de condicionamiento operante para moldear comportamientos para tareas y actuaciones específicas.

Uno de los aspectos fundamentales del adiestramiento animal es comprender la importancia del refuerzo positivo. Al asociar una conducta deseada, como realizar un truco o responder a una orden, con una consecuencia positiva, como recibir una recompensa de comida o un elogio verbal, los adiestradores refuerzan eficazmente la conducta, aumentando la probabilidad de que se repita. Este método se alinea con los principios de refuerzo de B.F. Skinner, que enfatizan la importancia de las consecuencias para modificar la conducta.

El concepto de extinción, en el que las conductas indeseadas se eliminan gradualmente mediante la suspensión del refuerzo, desempeña un papel fundamental en el adiestramiento animal. Los adiestradores identifican meticulosamente los casos en que se producen conductas indeseables, interrumpiendo estratégicamente cualquier tipo de refuerzo, lo que disminuye la probabilidad de que la conducta se repita en el futuro.

Además del refuerzo positivo, el condicionamiento operante también abarca la aplicación del refuerzo negativo en el adiestramiento animal. El refuerzo negativo consiste en eliminar un estímulo aversivo al mostrar la conducta deseada, lo que aumenta la probabilidad de que la conducta se repita. Mediante la aplicación cuidadosa del refuerzo negativo, los adiestradores pueden moldear eficazmente el comportamiento, a la vez que fomentan un entorno de adiestramiento positivo.

El concepto de moldeamiento, una técnica utilizada para lograr progresivamente comportamientos complejos mediante el refuerzo de aproximaciones sucesivas, es fundamental en el entrenamiento animal. Los entrenadores dividen los comportamientos en pasos manejables, reforzando cada progreso incremental hasta lograr el comportamiento deseado. Este proceso ejemplifica la eficacia del condicionamiento operante para obtener comportamientos complejos en los animales.

La aplicación exitosa del condicionamiento operante en el entrenamiento animal se extiende más allá de las mascotas domésticas, incluyendo animales exóticos en zoológicos y centros de conservación de vida silvestre. Desde el entrenamiento de aves rapaces para participar en demostraciones públicas hasta la facilitación de la rehabilitación de animales silvestres heridos o huérfanos, los principios del condicionamiento operante constituyen una herramienta poderosa para promover el bienestar y la cooperación de diversas especies animales.

Integración tecnológica en la modificación del comportamiento

Las innovaciones tecnológicas han revolucionado el campo de la modificación conductual, ofreciendo oportunidades sin precedentes para mejorar la eficacia y la precisión de las intervenciones de cambio conductual. La integración de la tecnología en las estrategias de modificación conductual no solo ha ampliado el alcance de las aplicaciones, sino que también ha mejorado significativamente la monitorización, la evaluación y la ejecución de las intervenciones. Una de las contribuciones fundamentales de la tecnología en la modificación conductual es el desarrollo de sofisticadas herramientas de recopilación y análisis de datos. Estas herramientas permiten a los profesionales recopilar datos longitudinales y en tiempo real sobre patrones de comportamiento, lo que facilita una comprensión integral de los comportamientos objetivo y sus respuestas a las intervenciones. Además, los avances tecnológicos han dado lugar a la creación de dispositivos portátiles y aplicaciones móviles que permiten a las personas automonitorear sus comportamientos, recibir retroalimentación y participar en intervenciones interactivas, promoviendo así la autonomía y la autorregulación.

El uso de plataformas de realidad virtual y realidad aumentada ha abierto nuevas vías para simular situaciones reales y ofrecer terapia de exposición en entornos controlados. Esta tecnología inmersiva ha sido especialmente beneficiosa para abordar fobias, trastornos de ansiedad y trastorno de estrés postraumático (TEPT), creando entornos personalizables y seguros para la desensibilización gradual y el refuerzo positivo. Además, la integración de principios de gamificación en aplicaciones de modificación de conducta ha demostrado resultados prometedores al mantener la participación y la motivación de los usuarios, fomentar la adherencia a los protocolos de intervención y promover el cambio de comportamiento mediante experiencias gratificantes.

Otra área importante de integración tecnológica en la modificación del comportamiento es la aplicación de inteligencia artificial y algoritmos de aprendizaje automático para personalizar las intervenciones y el modelado predictivo. Mediante el análisis de grandes conjuntos de datos y la identificación de patrones, los sistemas basados en IA pueden adaptar las intervenciones a las necesidades individuales, anticipar las barreras al cambio de comportamiento y optimizar los programas de refuerzo. Además, las plataformas de telesalud han ampliado el alcance de las intervenciones de modificación del comportamiento, permitiendo la prestación remota de servicios, la comunicación continua entre profesionales y pacientes, y la superación de las barreras geográficas para el acceso a la atención. Esto ha sido especialmente crucial para garantizar la prestación equitativa e inclusiva de intervenciones conductuales en diversas poblaciones y comunidades.

En conclusión, la integración de la tecnología en la modificación del comportamiento representa un cambio de paradigma en la forma en que se diseñan, implementan y evalúan las intervenciones. Desde el empoderamiento de las personas mediante herramientas de automonitoreo hasta el uso de la inteligencia artificial para intervenciones personalizadas, la integración tecnológica continúa impulsando el campo de la modificación del comportamiento hacia una mayor eficacia, accesibilidad e innovación.

EXPERIMENTOS CLAVE EN EL CONDICIONAMIENTO OPERANTE

La Cámara Operante

La cámara operante de B.F. Skinner, también conocida como la caja de Skinner, es un aparato fundamental en el campo del condicionamiento operante, diseñado para estudiar la relación entre la conducta y sus consecuencias. Este entorno controlado le permitió a Skinner realizar experimentos innovadores que aportaron información invaluable sobre los principios del condicionamiento operante. Entre los hallazgos clave de su trabajo se incluye la demostración de cómo el uso de programas de reforzamiento, como los de razón fija o intervalo variable, puede moldear y mantener conductas específicas. Además, su investigación destacó la importancia del refuerzo positivo y negativo en la modulación de la conducta mediante la manipulación sistemática de las contingencias ambientales. El diseño innovador de la cámara operante permitió a los investigadores medir y registrar con precisión las respuestas conductuales de un organismo, allanando el camino para el análisis cuantitativo y la experimentación rigurosa. Asimismo, las investigaciones de Skinner dilucidaron el concepto de moldear la conducta mediante aproximaciones sucesivas, una técnica que sigue siendo fundamental en las intervenciones de modificación de conducta. Al alterar sistemáticamente el programa de reforzamiento dentro de la cámara operante, Skinner logró ilustrar la compleja dinámica de la adquisición y el mantenimiento de la conducta, ofreciendo respaldo empírico a los principios del condicionamiento operante. Además, su trabajo pionero con la cámara operante impulsó avances en la tecnología conductual, facilitando la automatización de la administración de reforzamiento y la recopilación de datos, lo que revolucionó el estudio experimental de la conducta. Su meticulosa documentación y análisis de la conducta operante dentro de la cámara no solo amplió nuestra comprensión de los principios conductuales, sino que también sentó las bases para investigaciones posteriores que exploran los mecanismos neuronales subyacentes al condicionamiento operante.

Programas de intervalos y de razón variable en la práctica

En el campo del condicionamiento operante, los programas de razón variable e intervalos desempeñan un papel importante en la formación y el mantenimiento de las respuestas conductuales. Estos programas introducen un elemento de imprevisibilidad que, según se ha comprobado, influye considerablemente en la frecuencia y la estabilidad de las conductas. En la práctica, comprender y utilizar eficazmente estos programas puede tener amplias implicaciones en diversos campos, como la educación, los negocios y la psicología.

Los programas de proporción variable implican reforzar una conducta tras un número impredecible de respuestas. Este programa es muy eficaz para promover altas tasas de respuesta y reducir la probabilidad de extinción. Por ejemplo, en entornos educativos, el uso de programas de proporción variable puede mejorar la participación y la motivación de los estudiantes al recompensar intermitentemente su participación o esfuerzo académico. De igual manera, en el ámbito empresarial y de marketing, la implementación de programas de proporción variable en programas de recompensas o iniciativas de fidelización puede fomentar la fidelidad continua del consumidor y su participación activa.

Por otro lado, los programas de intervalo variable refuerzan una conducta tras intervalos de tiempo variables, lo que introduce un elemento de imprevisibilidad. Se ha observado que este programa produce tasas de respuesta constantes y estables, con mínimas pausas posteriores al refuerzo. La aplicación de programas de intervalo variable en intervenciones terapéuticas o programas de modificación de conducta permite mantener las conductas deseadas durante periodos prolongados. Además, en la gestión organizacional, el uso de programas de intervalo variable puede promover el rendimiento sostenido de los empleados al proporcionar un refuerzo intermitente e impredecible por un trabajo ejemplar.

Cabe destacar que tanto los programas de razón variable como los de intervalos son intrínsecamente diferentes de los programas fijos, en los que la previsibilidad del reforzamiento genera patrones de comportamiento distintivos. Las implicaciones prácticas de estos programas variables se extienden más allá de la modificación del comportamiento individual a contextos sociales más amplios, contribuyendo al desarrollo de intervenciones y programas eficaces en diversos ámbitos profesionales.

La investigación sobre la implementación y optimización de programas variables continúa avanzando, arrojando luz sobre los mecanismos sutiles que subyacen al refuerzo y mantenimiento del comportamiento. Esta comprensión en constante evolución promete perfeccionar las prácticas existentes e innovar en estrategias destinadas a fomentar un cambio conductual duradero en diversos entornos.

El registrador acumulativo

El registrador acumulativo, un dispositivo desarrollado por B.F. Skinner para sus experimentos de condicionamiento operante, ha revolucionado el estudio de los cambios de comportamiento. Este sofisticado instrumento permite a los investigadores registrar de forma precisa y continua el comportamiento de un organismo a lo largo del tiempo, lo que proporciona información valiosa sobre patrones y tendencias. El registrador acumulativo funciona graficando el número acumulado de respuestas del sujeto en función del tiempo en una cinta de papel continua, creando una representación visual de la tasa y la variabilidad del comportamiento.

Una de las principales ventajas del registrador acumulativo es su capacidad para capturar y mostrar datos objetivamente en tiempo real, eliminando la necesidad de observación manual y errores humanos. Al analizar los gráficos resultantes, los investigadores pueden identificar patrones de comportamiento distintivos, como tasas de respuesta constantes, cambios repentinos o períodos de alta y baja actividad. Este nivel de detalle permite una comprensión más profunda de cómo las señales ambientales y los programas de refuerzo influyen en el comportamiento.

El registrador acumulativo ha sido fundamental para validar los principios del condicionamiento operante y demostrar la eficacia de las técnicas de refuerzo y castigo. Mediante experimentos cuidadosamente diseñados, los investigadores han utilizado esta herramienta para explorar el impacto de diferentes programas de refuerzo, como la razón fija o el intervalo variable, en las tasas de respuesta y la resistencia de los sujetos. Estos estudios han aportado evidencia empírica que respalda la robustez y la aplicabilidad del condicionamiento operante en diversos contextos y especies.

Además de su uso en laboratorios, el registrador acumulativo también ha encontrado aplicaciones prácticas en campos como la educación, la psicología y el adiestramiento animal. Profesores y educadores han utilizado esta tecnología para evaluar la participación y el progreso del alumnado, utilizando los datos registrados para adaptar estrategias e intervenciones educativas. De igual forma, los analistas de conducta han aprovechado el registrador acumulativo para documentar y analizar cambios de comportamiento en entornos clínicos y terapéuticos, lo que fundamenta planes de tratamiento personalizados para personas con trastornos del desarrollo o conductas desadaptativas.

A medida que los métodos de investigación avanzan, el registrador acumulativo sigue siendo una herramienta indispensable para investigar la dinámica del comportamiento. Su precisión y versatilidad lo convierten en un pilar fundamental de la investigación conductual, facilitando la exploración de fenómenos complejos y el desarrollo de intervenciones basadas en la evidencia. De cara al futuro, los avances tecnológicos probablemente mejorarán las capacidades del registrador acumulativo, abriendo nuevas fronteras para la comprensión y la influencia en el comportamiento.

La exploración del castigo a través de experimentos de laboratorio

En experimentos de laboratorio, los investigadores utilizan entornos controlados para observar los efectos del castigo en las respuestas conductuales. Estos experimentos buscan dilucidar los mecanismos que subyacen al castigo, aportando información valiosa sobre su eficacia e implicaciones éticas. Mediante estudios cuidadosamente diseñados, los científicos han podido identificar las diversas maneras en que el castigo influye en el comportamiento.

Un enfoque importante de estos experimentos de laboratorio es el análisis de diferentes tipos de castigo, incluyendo el positivo y el negativo. Al someter a los sujetos a estímulos aversivos específicos o a la eliminación de estímulos deseables en función de ciertas conductas, los investigadores pueden evaluar sistemáticamente el impacto del castigo en la conducta. Estos experimentos permiten cuantificar y analizar los cambios conductuales en respuesta a medidas punitivas.

Los experimentos de laboratorio profundizan en los factores que modulan la eficacia del castigo. Estas investigaciones buscan determinar el momento, la intensidad y la consistencia óptimos de las medidas punitivas para lograr los resultados conductuales deseados. Mediante la manipulación cuidadosa de estas variables, los investigadores pueden discernir patrones y principios que rigen la interacción sutil entre el castigo y la conducta.

Las consideraciones éticas son fundamentales en el diseño e implementación de experimentos de laboratorio relacionados con el castigo. Los investigadores deben garantizar que los sujetos sean tratados con respeto y que se minimice el daño potencial. Las directrices éticas rigen el uso del castigo en entornos experimentales, enfatizando la importancia del consentimiento informado y el bienestar de los participantes. Además, la aplicación responsable y juiciosa del castigo se ajusta a los estándares éticos y profundiza nuestra comprensión de sus implicaciones.

Los resultados de los experimentos de laboratorio sobre el castigo tienen aplicaciones de gran alcance que trascienden los confines de la investigación. Los conocimientos adquiridos en estos estudios se extienden a instituciones educativas, entornos clínicos y diversos contextos del mundo real. Los hallazgos sirven de base para la formulación de estrategias basadas en la evidencia para la intervención conductual, facilitando así el manejo eficaz de las conductas desafiantes.

Investigación traslacional

La investigación traslacional en el campo del condicionamiento operante constituye un vínculo fundamental entre los entornos controlados de laboratorio y las aplicaciones prácticas de los principios conductuales en situaciones reales. Este puente esencial busca traducir los hallazgos y conocimientos obtenidos a partir de estudios experimentales rigurosos en estrategias tangibles para abordar la conducta en contextos cotidianos. Mediante un enfoque interdisciplinario que integra la psicología, la educación y diversas otras disciplinas, la investigación traslacional busca potenciar la relevancia y el impacto del condicionamiento operante en diversos ámbitos.

Un aspecto clave de la investigación traslacional consiste en identificar la transferibilidad de los resultados experimentales a entornos naturalistas. Los investigadores exploran minuciosamente cómo los principios del condicionamiento operante, establecidos en entornos de laboratorio, pueden adaptarse e implementarse eficazmente en entornos educativos, clínicos y organizacionales. Al estudiar la aplicabilidad de los programas de reforzamiento, las técnicas de modelado y las intervenciones conductuales en diferentes contextos, la investigación traslacional arroja luz sobre los matices y las complejidades del cambio de comportamiento en el mundo real.

La investigación traslacional busca abordar los desafíos prácticos asociados con la aplicación de hallazgos experimentales en diversos entornos sociales y culturales. Esto implica considerar factores como las diferencias individuales, las normas sociales y las consideraciones éticas que pueden influir en la implementación de paradigmas de condicionamiento operante fuera del laboratorio. Al examinar estas variables contextuales, los investigadores buscan desarrollar enfoques culturalmente sensibles y éticamente sólidos para la modificación de la conducta que tengan eco en diversas poblaciones.

Otra función crucial de la investigación traslacional es facilitar la difusión de prácticas basadas en la evidencia derivadas de los principios del condicionamiento operante. Mediante la colaboración con profesionales, educadores y legisladores, los investigadores traslacionales desempeñan un papel vital en la traducción de conceptos conductuales complejos a intervenciones y programas accesibles. Al difundir el conocimiento mediante talleres, sesiones de capacitación y materiales educativos, capacitan a los profesionales para integrar estrategias conductuales basadas en la evidencia en su trabajo, maximizando así el impacto de los principios del condicionamiento operante.

Consideraciones éticas en el diseño experimental

El marco ético que rige el diseño experimental abarca diversas dimensiones, entre ellas, garantizar el bienestar de los sujetos de investigación, promover la transparencia y el consentimiento informado, y defender la integridad en la recopilación y el análisis de datos. Además, implica la protección contra posibles daños, físicos o psicológicos, que puedan derivarse de la participación en protocolos experimentales. Las directrices éticas establecidas por organismos profesionales y juntas de revisión institucional son la piedra angular para que los investigadores puedan abordar estas complejas consideraciones. Garantizar el respeto por la autonomía, la beneficencia, la no maleficencia y la justicia constituye la esencia fundamental del diseño experimental ético en la investigación del condicionamiento operante.

Al considerar la aplicación de las normas éticas en el diseño experimental, los investigadores deben integrar activamente los principios de imparcialidad, equidad y respeto a la autonomía individual. Es crucial obtener el consentimiento voluntario y plenamente informado de los participantes en la investigación. Esto implica la divulgación clara y completa de los objetivos, procedimientos, posibles riesgos y beneficios asociados al estudio. Además, los investigadores deben estar atentos para minimizar cualquier coerción o influencia indebida sobre los participantes en el reclutamiento y la realización de los experimentos. Lograr un equilibrio entre el rigor científico y la responsabilidad ética requiere un análisis continuo de los posibles riesgos y beneficios, así como medidas proactivas para mitigar cualquier consecuencia adversa.

El diseño experimental ético en la investigación del condicionamiento operante implica un enfoque riguroso en garantizar el trato humano de los animales de laboratorio, cuando corresponda. El cumplimiento de las directrices establecidas para el cuidado y uso de los animales es fundamental para mantener los estándares éticos en este ámbito. Esto implica una atención meticulosa a las condiciones de alojamiento, la atención veterinaria y la minimización del malestar o la angustia que experimentan los animales durante los procedimientos experimentales. Además, los investigadores tienen la responsabilidad de evaluar continuamente la necesidad y la justificación del empleo de modelos animales, a la vez que se esfuerzan constantemente por explorar metodologías alternativas para minimizar el uso y el sufrimiento de los animales siempre que sea posible.

Más allá de los principios fundamentales del diseño experimental ético, se encuentran los imperativos de la integridad de los datos y la difusión responsable de los hallazgos. La conducta ética en la investigación se extiende a la presentación transparente y precisa de los métodos, resultados e interpretaciones, lo que permite la evaluación crítica y su replicación por parte de la comunidad científica en general. Defender los principios de integridad científica, honestidad y objetividad contribuye a fortalecer la confianza pública en el campo de la investigación del condicionamiento operante. En consecuencia, los investigadores tienen la obligación ética de demostrar un compromiso inquebrantable con la veracidad y la práctica ética en todas las facetas del esfuerzo experimental.

Al integrar concienzudamente consideraciones éticas en la estructura del diseño experimental, los investigadores del condicionamiento operante pueden mantener los más altos estándares morales y profesionales, a la vez que amplían las fronteras del conocimiento. Adoptar una brújula ética no solo protege los derechos y el bienestar de los participantes y sujetos de investigación, sino que también mejora la credibilidad y el impacto de los resultados. El diseño experimental ético se erige como un pilar indispensable para el avance de la investigación del condicionamiento operante, contribuyendo a elevar su relevancia social y su probidad ética.

Estudios longitudinales

Los estudios longitudinales implican la observación y el análisis de los mismos individuos repetidamente durante períodos prolongados, lo que permite a los investigadores rastrear las trayectorias de desarrollo del comportamiento, identificar patrones de cambio y estabilidad, y explorar los factores causales que influyen en estos patrones. La naturaleza integral de los estudios longitudinales permite examinar las variaciones conductuales en un individuo, arrojando luz sobre la interacción dinámica entre las influencias ambientales y los rasgos inherentes. Al documentar los cambios de comportamiento a lo largo de las distintas etapas de la vida, los investigadores pueden discernir períodos críticos e hitos asociados con el desarrollo conductual, lo que ofrece profundas implicaciones para los programas de intervención y apoyo. Además, los estudios longitudinales permiten detectar los efectos a largo plazo de las intervenciones o las exposiciones ambientales, lo que contribuye a nuestra comprensión del impacto duradero de las experiencias tempranas en el comportamiento. Este enfoque de investigación también proporciona datos valiosos para evaluar la eficacia de las intervenciones conductuales e identificar posibles predictores de resultados positivos. Sin embargo, la realización de estudios longitudinales plantea numerosos desafíos metodológicos, como la pérdida de participantes, la consistencia en la recopilación de datos y la gestión de la influencia de variables externas. Las consideraciones éticas sobre el bienestar, el consentimiento y la privacidad de los participantes también son fundamentales en la investigación longitudinal, lo que enfatiza la necesidad de protocolos éticos rigurosos y una revisión ética continua. A pesar de estos desafíos, los estudios longitudinales siguen siendo fundamentales para avanzar en nuestra comprensión de la dinámica del comportamiento y facilitar la toma de decisiones basada en la evidencia en diversos ámbitos, como la educación, la psicología clínica y las políticas públicas. A medida que la tecnología y las metodologías estadísticas continúan evolucionando, el potencial de los estudios longitudinales para dilucidar las complejidades del comportamiento humano e informar las intervenciones es cada vez mayor. Los avances futuros en las técnicas de recopilación de datos, como los sensores portátiles y la evaluación ecológica momentánea, prometen mejorar la precisión y la granularidad de los datos longitudinales sobre el comportamiento, abriendo nuevas vías para la investigación del comportamiento en entornos naturalistas. De igual manera, los avances en el modelado estadístico y el análisis de datos ofrecen oportunidades para extraer información más completa de los conjuntos de datos longitudinales al desentrañar patrones temporales de comportamiento e identificar constructos latentes subyacentes a los cambios conductuales.

Innovaciones y direcciones futuras en la investigación del condicionamiento operante

A medida que avanzamos en el siglo actual, el campo de la investigación del condicionamiento operante está presenciando una serie de avances innovadores y emocionantes direcciones futuras que prometen ampliar nuestra comprensión de la modificación de la conducta y sus aplicaciones. Un área clave de innovación reside en la integración de la tecnología, en particular el uso de análisis de datos avanzados y algoritmos de aprendizaje automático para analizar patrones de comportamiento y predecir respuestas con mayor precisión. Este enfoque no solo ofrece nuevos conocimientos sobre el comportamiento, sino que también mejora la precisión y la eficacia de las intervenciones. Además, la aparición de la realidad virtual (RV) como herramienta para simular entornos de la vida real abre nuevas posibilidades para el estudio del comportamiento en entornos controlados pero inmersivos. Los investigadores ahora están aprovechando la RV para crear escenarios que permiten la manipulación precisa de los estímulos ambientales, ofreciendo oportunidades incomparables para el estudio de las respuestas conductuales.

Otra dirección prometedora en la investigación del condicionamiento operante se relaciona con las colaboraciones interdisciplinarias. Al forjar alianzas con campos como la neurociencia, la genética y la psicología cognitiva, los investigadores están adquiriendo nuevas perspectivas sobre los mecanismos subyacentes del cambio conductual. Este enfoque interdisciplinario tiene el potencial de descubrir factores previamente inexplorados que influyen en el comportamiento y desarrollar modelos integrales de modificación del mismo. Además, el creciente énfasis en la medicina personalizada en la atención médica ha impulsado el interés en adaptar las intervenciones conductuales a las características individuales, como las predisposiciones genéticas y los perfiles neurobiológicos. La integración de datos genómicos y de neuroimagen en la investigación del condicionamiento operante es sumamente prometedora para optimizar los resultados del tratamiento y diseñar intervenciones específicas.

Además de estos avances tecnológicos e interdisciplinarios, las dimensiones éticas de la investigación del condicionamiento operante siguen evolucionando. Con una mayor conciencia de las consideraciones éticas en la experimentación conductual, se está trabajando en conjunto para garantizar que las prácticas de investigación prioricen el bienestar y la autonomía de los participantes. Este imperativo ético impulsa la exploración de metodologías de investigación alternativas que minimicen el malestar y el estrés en los sujetos experimentales, a la vez que generan datos sólidos. Asimismo, los debates en torno al uso responsable de las intervenciones conductuales y las implicaciones de la modificación conductual a largo plazo están configurando el panorama ético de la investigación del condicionamiento operante, lo que genera reflexiones críticas entre profesionales y académicos.

De cara al futuro, el futuro de la investigación sobre condicionamiento operante está llamado a presenciar una convergencia de innovación científica, colaboración multidisciplinaria y conciencia ética, que conducirá a avances transformadores con implicaciones de largo alcance para la ciencia del comportamiento y aplicaciones prácticas en diversos dominios.

PROGRAMAS DE REFUERZO

Refuerzo continuo versus refuerzo parcial

Los programas de refuerzo son fundamentales para comprender el condicionamiento operante y sus aplicaciones en la psicología conductual. Estos programas regulan el momento y la frecuencia de la aplicación del refuerzo, influyendo así en la fuerza y la persistencia de las conductas aprendidas. Comprender los programas de refuerzo es crucial, ya que desempeñan un papel fundamental en la modelación del comportamiento y la determinación de la eficacia de las intervenciones conductuales. El refuerzo continuo implica proporcionar una recompensa cada vez que se produce una conducta deseada. Este enfoque es eficaz para establecer nuevas conductas, ya que el individuo recibe refuerzo de forma constante por sus acciones. Sin embargo, también puede conducir a una extinción más rápida si el refuerzo se interrumpe repentinamente. Por otro lado, el refuerzo parcial, también conocido como refuerzo intermitente, implica proporcionar refuerzo solo algunas veces cuando se muestra la conducta deseada. Este método suele resultar en una conducta más persistente, ya que el individuo aprende que la recompensa no siempre es inmediata, lo que lleva a esfuerzos continuos para obtener el refuerzo. Además, los programas de refuerzo parcial pueden basarse en múltiples criterios, como la razón fija, la razón variable, el intervalo fijo o el intervalo variable, cada uno de los cuales influye en la frecuencia y el patrón de aplicación del refuerzo. Estudios han demostrado que las conductas reforzadas bajo programas de refuerzo parcial son más resistentes a la extinción, lo que las hace especialmente relevantes en situaciones reales donde el refuerzo consistente no siempre es factible. Es importante destacar que comprender la distinción entre el refuerzo continuo y el parcial proporciona información valiosa sobre los mecanismos que rigen el mantenimiento y la longevidad de la conducta.

Programa de tasa fija - Consistencia e impacto

Los programas de proporción fija se caracterizan por la administración constante de refuerzo tras un número predeterminado de respuestas. Este programa fomenta un patrón de comportamiento en el que el sujeto tiende a aumentar su tasa de respuesta a medida que anticipa alcanzar la proporción especificada, lo que resulta en una mayor frecuencia de la conducta deseada.

Una de las características que definen los programas de razón fija es su predictibilidad. La consistencia del refuerzo tras un número específico de respuestas crea un vínculo claro entre la conducta y sus consecuencias, lo que moldea la comprensión del sujeto de la relación entre sus acciones y el resultado esperado. Esta predictibilidad suele resultar en altas tasas de respuesta, ya que los individuos se esfuerzan por cumplir los criterios de refuerzo requeridos, lo que demuestra la influencia de los programas de razón fija en los patrones de conducta.

El impacto de los programas de proporción fija se extiende más allá de la fase de refuerzo inmediata. Mediante un refuerzo constante a intervalos establecidos, es probable que los individuos muestren respuestas persistentes y rápidas, lo que refleja los efectos duraderos de este programa en la conducta. El programa de refuerzo también facilita la adquisición y el mantenimiento de conductas complejas, ya que anima a los individuos a realizar acciones repetitivas para alcanzar la proporción establecida, promoviendo así el desarrollo de habilidades y la competencia en tareas específicas.

En la práctica, los programas de proporción fija se emplean en diversos ámbitos, como la educación, los negocios y la clínica. En contextos educativos, los docentes utilizan programas de proporción fija para reforzar el aprendizaje de los estudiantes, garantizando que el dominio de ciertas habilidades o la finalización de tareas designadas se recompensen sistemáticamente tras un número específico de respuestas correctas. De igual manera, en el ámbito empresarial, los incentivos de ventas y las estructuras basadas en comisiones suelen ajustarse a programas de proporción fija, lo que motiva a los empleados a demostrar un mayor rendimiento y productividad para alcanzar los criterios de refuerzo establecidos.

Programa de razón variable - Aleatorización en la práctica

El programa de Razón Variable (RV) es fundamental en el campo del condicionamiento operante, caracterizado por la administración de refuerzo tras un número variable de respuestas. A diferencia de los programas de razón fija o de intervalo, en los programas de RV, el número exacto de respuestas necesarias para recibir el refuerzo varía, lo que confiere imprevisibilidad al proceso de refuerzo. Esta imprevisibilidad suele generar tasas de respuesta altas y constantes, lo que hace que los programas de RV sean especialmente eficaces para mantener las conductas deseadas. Psicológicamente, la variabilidad en el momento del refuerzo mantiene al individuo comprometido y motivado para continuar realizando la conducta objetivo, ya que no está seguro de cuándo ocurrirá. Esto genera persistencia en la conducta y resiliencia a la extinción. El programa de RV se asemeja mucho a muchas situaciones reales donde las recompensas no se entregan según un programa fijo, como en el caso de las apuestas o las comisiones de ventas. En estos escenarios, el refuerzo intermitente generado por los programas de RV puede conducir a conductas habituales y persistentes. Es fundamental que profesionales e investigadores comprendan las implicaciones de los programas de RV en diversos contextos, como la adicción y el comportamiento del consumidor. Estudios han demostrado que los programas de RV se asocian significativamente con conductas adictivas, ya que las personas se condicionan a esperar recompensas tras un número variable de intentos, lo que lleva a una interacción compulsiva a pesar del limitado refuerzo. Además, en marketing y ventas, la incorporación de elementos de variabilidad en la entrega de recompensas puede influir en el comportamiento de compra del consumidor y la lealtad a la marca. Comprender el impacto de los programas de RV es crucial para mantener prácticas éticas y evitar estrategias manipuladoras en la interacción con el consumidor. Si bien los programas de RV han demostrado su eficacia para mantener comportamientos, es imperativo considerar cuidadosamente sus aplicaciones, especialmente en campos donde las consideraciones éticas son primordiales.

Programa de intervalo fijo - Patrones de refuerzo cronometrados

El programa de intervalo fijo se refiere a un patrón de reforzamiento donde una respuesta solo se refuerza después de un tiempo específico. Este tipo de programa crea una dinámica interesante en el comportamiento, ya que el reforzamiento no depende de la frecuencia de las respuestas, sino del paso del tiempo. Produce patrones predecibles de respuesta, con un aumento de la misma a medida que se acerca el momento del refuerzo. Sin embargo, a menudo se observa una disminución de la respuesta inmediatamente después de la administración del refuerzo, seguida de un aumento gradual a medida que se acerca el siguiente momento.

Las investigaciones han demostrado que los organismos tienden a exhibir un patrón de respuesta festoneado bajo programas de intervalo fijo, donde la respuesta es mínima justo después del refuerzo y aumenta rápidamente a medida que se acerca el momento del refuerzo. Este fenómeno se puede observar en diversos contextos, desde estudios con animales hasta el comportamiento humano, y tiene implicaciones para comprender cómo los refuerzos temporales impactan el aprendizaje y la conducta.

En diversas aplicaciones, los programas de intervalo fijo se han utilizado en diversos entornos, desde el adiestramiento animal hasta los incentivos laborales. Comprender la dinámica de estos programas permite un uso eficaz de patrones de refuerzo cronometrados. Por ejemplo, en la gestión del rendimiento laboral, recompensar a los trabajadores con un programa de intervalo fijo puede aumentar la productividad, ya que las personas se esfuerzan por cumplir con los criterios de sincronización del refuerzo.

El ritmo constante de comportamiento bajo programas de intervalos fijos puede ser ventajoso para establecer rutinas y previsibilidad. En entornos educativos, los docentes pueden emplear programas de intervalos fijos para reforzar la participación de los estudiantes durante períodos de tiempo establecidos, promoviendo así la atención sostenida y la participación en las actividades de aprendizaje. Además, el uso de programas de intervalos fijos en intervenciones terapéuticas, como los programas de tratamiento de adicciones, subraya la importancia de los refuerzos cronometrados para moldear y mantener los comportamientos deseados.

Programa de intervalo variable - Tiempos impredecibles

A diferencia de los programas de intervalo fijo, los programas de intervalo variable implican refuerzos proporcionados a intervalos de tiempo impredecibles. Esta imprevisibilidad supone un desafío único para el sujeto, ya que no puede anticipar cuándo ocurrirá el siguiente refuerzo. Esto resulta en un ritmo constante de respuesta, ya que el individuo se involucra constantemente en la conducta deseada, sin saber cuándo su esfuerzo será recompensado. La variabilidad en el tiempo impide el desarrollo de patrones o expectativas específicas, lo que conduce a un patrón de respuesta más sostenido y estable. La naturaleza impredecible de los programas de intervalo variable refleja fielmente muchos escenarios de la vida real, lo que los convierte en un concepto importante con amplias aplicaciones. Desde entornos educativos hasta terapia conductual, comprender e implementar los programas de intervalo variable puede tener un impacto significativo. En contextos educativos, los docentes pueden utilizar este programa para fomentar la participación activa y el compromiso continuos del alumnado. Al incorporar refuerzos positivos en tiempos impredecibles, los educadores pueden fomentar la atención y la motivación constantes en el entorno de aprendizaje. Además, en terapia conductual, los programas de intervalo variable pueden utilizarse para promover la participación continua en actividades y conductas terapéuticas. Esto puede contribuir a la eficacia general de las intervenciones, garantizando que las personas se mantengan constantemente comprometidas con su plan de tratamiento. Además, en entornos organizacionales, se pueden emplear programas de intervalo variable para mantener la productividad y la motivación de los empleados. Al crear un entorno donde las recompensas se otorgan a intervalos impredecibles, los empleadores pueden fomentar el esfuerzo y el compromiso sostenidos entre sus empleados. El impacto de los programas de intervalo variable va más allá de los principios básicos del condicionamiento operante y permea diversas facetas del comportamiento y la interacción humanos. Asimismo, la incorporación de la aleatorización en los programas de refuerzo tiene implicaciones para explorar la dinámica de la motivación y la persistencia.

Comparación de los programas de refuerzo

En el campo del condicionamiento operante, un aspecto crucial reside en el análisis comparativo de diferentes programas de reforzamiento. Comprender y analizar estos programas permite una comprensión más profunda de cómo se moldea y mantiene la conducta. Existe una comparación destacada entre los programas de razón fija y de razón variable: el primero implica un número constante de respuestas antes del refuerzo, mientras que el segundo implica el refuerzo tras un número impredecible de respuestas. Esta dicotomía lleva a evaluar su respectivo impacto en la conducta. Los programas de intervalo fijo y de intervalo variable también merecen un examen, ya que el primero denota reforzamiento a intervalos de tiempo fijos y el segundo implica reforzamiento tras períodos de tiempo variables. La comparación de estos programas subraya la importancia de la variabilidad temporal en el reforzamiento de la conducta. La eficacia de cada programa para promover ciertas conductas o generar resistencia a la extinción subraya aún más la importancia del análisis comparativo. Además, considerar la previsibilidad o imprevisibilidad del reforzamiento entre programas revela diferencias fundamentales en las respuestas conductuales. Al analizar factores como las tasas de respuesta, la resistencia a la extinción y los patrones de adquisición de conducta, se obtiene una comprensión más detallada de cada programa de refuerzo. Además, explorar la utilidad de estos programas en distintos entornos, como entornos educativos, intervenciones clínicas y entrenamiento con animales, revela sus implicaciones prácticas. Las terapias conductuales suelen aprovechar este análisis comparativo para adaptar las intervenciones y lograr los resultados deseados para los pacientes. Asimismo, examinar la interacción entre los programas de refuerzo y las diferencias individuales en la respuesta ofrece información clave para estrategias de modificación de conducta adaptadas a diversas poblaciones.

Aplicaciones en el mundo real

Las aplicaciones prácticas de los programas de refuerzo son generalizadas y han demostrado un impacto significativo en diversos campos. En el ámbito educativo, investigadores y educadores han utilizado programas de refuerzo para mejorar las experiencias de aprendizaje de los estudiantes. Al implementar programas de proporción variable en el aula, los docentes pueden promover eficazmente la participación y el compromiso sostenidos del alumnado, mejorando así su rendimiento académico. Además, en la gestión del comportamiento organizacional, el uso racional de los programas de refuerzo ha sido fundamental para moldear comportamientos deseables en los empleados y fomentar una cultura laboral positiva. Mediante la aplicación estratégica de programas de refuerzo, las empresas han logrado aumentar la productividad, reducir el absentismo y fomentar una plantilla motivada. Asimismo, en psicología clínica y terapia conductual, los programas de refuerzo han demostrado ser indispensables para abordar conductas desadaptativas y promover respuestas adaptativas. Estudios de caso han destacado la eficacia del uso de programas de refuerzo intermitentes para mitigar conductas adictivas, como el abuso de sustancias, y facilitar el cambio de comportamiento a largo plazo. Asimismo, en el adiestramiento animal y la conservación de la fauna silvestre, los programas de refuerzo desempeñan un papel crucial en la formación de comportamientos para diversas especies. Desde el adiestramiento de mascotas hasta la modificación del comportamiento de animales en peligro de extinción en iniciativas de conservación, los programas de refuerzo ofrecen un enfoque coherente y ético para la modificación del comportamiento. Estas aplicaciones prácticas subrayan la versatilidad y eficacia de los programas de refuerzo en diversas disciplinas, lo que los posiciona como herramientas valiosas para la gestión y modificación del comportamiento.

Implicaciones para la modificación del comportamiento

Comprender las implicaciones de los programas de refuerzo en la modificación de conducta es crucial para profesionales en campos como la psicología clínica, la educación y la gestión organizacional. Los programas de refuerzo proporcionan información sobre cómo mantener, moldear y, en última instancia, modificar las conductas para lograr los resultados deseados. Al comprender los diversos efectos de los diferentes programas de refuerzo, los profesionales pueden diseñar con destreza intervenciones adaptadas a patrones de conducta específicos.

La aplicación de programas de refuerzo en la modificación de conducta trasciende los contextos individuales y se extiende a diversos entornos. En psicología clínica, por ejemplo, comprender el impacto de los programas de razón variable en los programas de deshabituación de sustancias facilita el desarrollo de planes de tratamiento más eficaces. De igual manera, en entornos educativos, la implementación estratégica de programas de intervalo fijo puede mejorar la motivación y el compromiso de los estudiantes mediante el refuerzo constante de las conductas académicas deseadas.

Las implicaciones de los programas de refuerzo en la modificación del comportamiento son evidentes en las prácticas de gestión organizacional. Las empresas utilizan estos principios para promover la productividad laboral, incentivar la mejora del rendimiento y facilitar el desarrollo de habilidades entre los empleados. Al reconocer la eficacia de los programas de refuerzo, los líderes pueden crear un entorno laboral propicio para el cambio de comportamiento sostenido y el crecimiento profesional continuo.

Las estrategias de modificación de conducta basadas en programas de refuerzo desempeñan un papel fundamental para abordar conductas desafiantes en diversas poblaciones. Ya sea trabajando con personas con trastornos del desarrollo, implementando planes de manejo de la conducta en escuelas o diseñando intervenciones para personas con problemas de conducta compulsiva, la comprensión detallada de los programas de refuerzo permite a los profesionales diseñar intervenciones personalizadas que produzcan resultados duraderos.

ANÁLISIS EXPERIMENTAL DEL COMPORTAMIENTO

Metodologías de investigación del comportamiento

Las metodologías de investigación del comportamiento abarcan diversos enfoques y técnicas destinados a observar, medir y comprender sistemáticamente el comportamiento en entornos controlados. Estas metodologías son fundamentales para el análisis experimental del comportamiento, proporcionando a los investigadores las herramientas necesarias para investigar las variables que influyen en las acciones humanas y animales. Una de las principales metodologías empleadas en la investigación del comportamiento es el uso de experimentos controlados. Estos experimentos suelen implicar la manipulación de factores ambientales o situacionales específicos para observar su impacto en el comportamiento. Mediante el control meticuloso de las condiciones en las que se produce el comportamiento, los investigadores pueden aislar y medir los efectos de diversos estímulos, respuestas y consecuencias. Otra metodología ampliamente utilizada es la observación sistemática, que implica el registro cuidadoso y estructurado de comportamientos en entornos naturales o controlados. Este enfoque permite a los investigadores documentar patrones de comportamiento, identificar correlaciones y formular hipótesis para futuras investigaciones. Las encuestas y entrevistas sobre comportamiento también son fundamentales para recopilar datos cualitativos relacionados con actitudes, creencias y experiencias que pueden influir en el comportamiento. Además, los avances tecnológicos han introducido metodologías innovadoras como la neuroimagen y las mediciones biométricas, que permiten a los investigadores explorar las bases neuronales y fisiológicas del comportamiento. Comprender las consideraciones éticas que rigen la investigación conductual es crucial. Los investigadores deben adherirse a estrictas normas éticas para garantizar el bienestar y los derechos de los participantes, así como la conducción responsable de sus estudios. El consentimiento informado, la confidencialidad y la minimización de posibles daños son principios esenciales que guían el diseño y la implementación de la investigación conductual. Además, la revisión por pares y la supervisión de los comités de revisión institucional contribuyen a mantener la integridad y los estándares éticos de los estudios conductuales.

Experimentos y descubrimientos clave

El condicionamiento operante ha sido objeto de numerosos experimentos clave y descubrimientos innovadores que han contribuido significativamente a nuestra comprensión de la conducta y el aprendizaje. Como se mencionó anteriormente, uno de los experimentos fundamentales fue realizado por el propio B.F. Skinner, quien desarrolló el concepto de la Caja de Skinner, también conocida como cámara operante. Mediante este experimento, Skinner demostró la poderosa influencia del refuerzo positivo y negativo en la formación y el mantenimiento de las conductas.

Otro descubrimiento significativo en el campo del condicionamiento operante fue realizado por el psicólogo Edward Thorndike, quien formuló la Ley del Efecto. Este principio afirmaba que las conductas seguidas de consecuencias favorables tienen mayor probabilidad de repetirse, mientras que aquellas seguidas de consecuencias desfavorables tienen menor probabilidad de ocurrir en el futuro. El trabajo de Thorndike sentó las bases teóricas para el desarrollo del condicionamiento operante y proporcionó valiosas perspectivas sobre la relación entre la conducta y sus consecuencias.

La investigación de Burrhus Frederic (B.F.) Skinner condujo a la identificación de diversos programas de reforzamiento, lo que influyó significativamente en estudios posteriores sobre condicionamiento operante. El trabajo pionero de Skinner consistió en explorar diferentes patrones de administración de reforzamiento y su impacto en la conducta. Los hallazgos de estos experimentos revelaron los efectos diferenciales del reforzamiento continuo, los programas de razón fija, los programas de razón variable, los programas de intervalo fijo y los programas de intervalo variable en las respuestas conductuales.

El trabajo de psicólogos conductuales como John B. Watson e Iván Pávlov también contribuyó al conocimiento fundamental del condicionamiento operante. Si bien Watson se centró en los principios del condicionamiento clásico, su investigación sentó las bases para el desarrollo futuro de las teorías del condicionamiento operante. De igual manera, los experimentos de Pávlov con las respuestas de salivación canina aclararon la importancia del aprendizaje asociativo, aportando valiosas perspectivas sobre los mecanismos de modificación y control de la conducta.

La investigación contemporánea en el campo del condicionamiento operante continúa generando nuevos hallazgos y perfeccionando las teorías existentes. Estudios recientes han profundizado en áreas como el control de estímulos, el entrenamiento en discriminación y el modelado de respuestas, arrojando luz sobre los procesos subyacentes a la modificación conductual.

Técnicas de recopilación y análisis de datos

El campo de la investigación conductual requiere la implementación de técnicas meticulosas de recopilación y análisis de datos para obtener información significativa de los estudios experimentales. Un aspecto fundamental de la recopilación de datos en experimentos de condicionamiento operante es la medición precisa de las conductas investigadas. Los investigadores emplean diversos métodos, como el registro de eventos, el registro de intervalos y el muestreo temporal, para capturar con precisión la frecuencia, duración e intensidad de conductas específicas exhibidas por los sujetos. Cada uno de estos métodos ofrece ventajas específicas y se selecciona en función de la naturaleza de la conducta estudiada.

La tecnología moderna ha revolucionado la recopilación de datos en la investigación del comportamiento. Herramientas avanzadas como sistemas de seguimiento por video, sensores de movimiento y software especializado permiten a los investigadores automatizar el proceso de adquisición de datos, reduciendo el error humano y mejorando la precisión de las mediciones. Estos avances tecnológicos no solo agilizan el proceso de recopilación de datos, sino que también facilitan el monitoreo del comportamiento en diversos entornos ambientales, proporcionando una comprensión integral de los patrones de comportamiento.

Junto con la recopilación de datos, el análisis de estos es crucial para extraer conclusiones válidas. Las técnicas estadísticas, como la estadística descriptiva, la estadística inferencial y la representación gráfica, se emplean comúnmente para analizar datos de comportamiento. La estadística descriptiva ayuda a resumir y presentar los datos recopilados, mientras que la estadística inferencial permite a los investigadores realizar inferencias y generalizaciones sobre los comportamientos observados en la población general. Además, la representación gráfica mediante histogramas, gráficos de líneas y diagramas de dispersión mejora la comprensión visual de las tendencias y patrones de comportamiento.

La elección de pruebas estadísticas adecuadas es fundamental para determinar la significancia de los hallazgos experimentales. Técnicas como las pruebas t, el ANOVA, el análisis de correlación y el análisis de regresión proporcionan información valiosa sobre las relaciones entre las variables y la eficacia general de las intervenciones. Es fundamental que los investigadores se adhieran a los principios de un análisis estadístico riguroso para garantizar la validez y fiabilidad de los resultados del estudio.

Las consideraciones éticas también permean el proceso de recopilación y análisis de datos en la investigación conductual. Proteger el bienestar de los sujetos, garantizar la confidencialidad y obtener el consentimiento informado son consideraciones éticas esenciales que guían toda la investigación. Lograr un equilibrio ético durante la recopilación y el análisis de datos es fundamental para mantener la integridad y la credibilidad de la investigación conductual.

Avances en aparatos experimentales

La evolución de la tecnología ha propiciado el desarrollo de herramientas y equipos sofisticados que han revolucionado la forma de realizar experimentos de comportamiento. Uno de los avances más significativos en los aparatos experimentales es la integración de interfaces digitales y sistemas automatizados de recopilación de datos. Esto ha agilizado el proceso de registro y análisis de datos de comportamiento, permitiendo a los investigadores capturar e interpretar eficazmente patrones de comportamiento complejos. El uso de componentes avanzados de software y hardware ha permitido la monitorización en tiempo real y la medición precisa de las respuestas conductuales, lo que se traduce en resultados de investigación más precisos y fiables.

La incorporación de tecnologías de realidad virtual y realidad aumentada ha abierto nuevas vías para el estudio del comportamiento en entornos controlados. Estos sistemas inmersivos permiten a los investigadores simular diversos estímulos y condiciones ambientales, ofreciendo un mayor grado de control y manipulación experimental. Al crear escenarios virtuales realistas, los investigadores pueden analizar las respuestas conductuales en detalle, lo que proporciona información valiosa sobre los mecanismos subyacentes al condicionamiento operante.

Los avances en las técnicas de neuroimagen también han contribuido significativamente al estudio del comportamiento mediante aparatos experimentales avanzados. La resonancia magnética funcional y la electroencefalografía han permitido a los investigadores examinar los correlatos neuronales del comportamiento, arrojando luz sobre los procesos neurológicos asociados al condicionamiento operante. Al integrar estas tecnologías de neuroimagen con experimentos conductuales, los investigadores pueden dilucidar los mecanismos neuronales subyacentes que rigen las respuestas conductuales, lo que conduce a una comprensión integral del comportamiento operante a nivel neurobiológico.

El desarrollo de cámaras operantes y configuraciones experimentales de vanguardia ha facilitado el control y la manipulación precisos de estímulos ambientales y programas de refuerzo. Estos aparatos especializados permiten la investigación sistemática de principios conductuales, como las contingencias de refuerzo y la discriminación de estímulos, a la vez que garantizan un riguroso control experimental. La integración de características innovadoras, como la presentación personalizable de estímulos y las capacidades de seguimiento de respuestas, ha permitido a los investigadores diseñar experimentos a medida que abordan preguntas e hipótesis de investigación específicas.

Desafíos y limitaciones en la investigación del comportamiento

La investigación del comportamiento, en particular en el contexto del condicionamiento operante, es un campo valioso con un potencial significativo para comprender el comportamiento humano y animal. Sin embargo, es importante reconocer y abordar los desafíos y limitaciones que enfrentan los investigadores en su búsqueda de conocimiento. Un desafío clave en la investigación del comportamiento son las consideraciones éticas en torno al uso de animales en experimentos. Si bien los estudios con animales han aportado conocimientos cruciales sobre el aprendizaje y el comportamiento, existe un debate ético continuo sobre el tratamiento de estos sujetos y el impacto de los procedimientos experimentales en su bienestar. Los investigadores deben abordar este panorama ético con cuidado y diligencia, asegurándose de que su trabajo se ajuste a las directrices establecidas y promueva el bienestar de los animales involucrados. Otro desafío radica en la complejidad del comportamiento en sí. El comportamiento humano y animal es multifacético y está influenciado por numerosas variables, lo que dificulta aislar relaciones causales específicas en los experimentos. Esta complejidad inherente puede presentar desafíos en el diseño de estudios y la interpretación precisa de los resultados. Además, la generalización de los hallazgos de entornos de laboratorio controlados a entornos del mundo real plantea una limitación significativa. Si bien los experimentos controlados brindan información valiosa, aplicar estos hallazgos a comportamientos humanos y animales complejos y dinámicos fuera del laboratorio requiere una consideración cuidadosa y, a menudo, presenta desafíos. Las limitaciones metodológicas también contribuyen a los desafíos en la investigación del comportamiento. Cuestiones como la precisión de las mediciones, la confiabilidad de los instrumentos y la estandarización de los protocolos experimentales pueden afectar la validez y la reproducibilidad de los hallazgos. Abordar estos desafíos metodológicos es esencial para avanzar en el rigor y la credibilidad de la investigación del comportamiento. Además, la naturaleza interdisciplinaria de la investigación del comportamiento presenta desafíos relacionados con la integración de los hallazgos de la psicología, la neurociencia y otros campos relevantes. Los esfuerzos de colaboración son necesarios para conectar estas disciplinas y aprovechar eficazmente su experiencia colectiva. Finalmente, las limitaciones de financiamiento y recursos pueden obstaculizar el alcance y la escala de las iniciativas de investigación del comportamiento, lo que afecta la capacidad de los investigadores para explorar fenómenos conductuales complejos de manera integral.

APLICACIONES EN EDUCACIÓN Y TERAPIA CONDUCTUAL

Objetivos y resultados conductuales en la educación

Al definir objetivos específicos, medibles, alcanzables, relevantes y con plazos definidos (SMART), los educadores pueden optimizar la eficacia de sus prácticas e intervenciones educativas. Además, identificar y articular estos objetivos permite a los docentes alinear sus métodos de enseñanza con los resultados de aprendizaje deseados, fomentando un proceso educativo más específico y eficiente. Ya sea para mejorar el rendimiento académico, potenciar las conductas sociales o perfeccionar las habilidades cognitivas, establecer objetivos conductuales claros proporciona una guía para que los educadores adapten sus enfoques a las necesidades individuales de cada estudiante.

Mediante la aplicación de los principios del condicionamiento operante, los educadores pueden abordar los objetivos conductuales de forma sistemática. Al utilizar estrategias de refuerzo, como el refuerzo positivo para las conductas deseables y el refuerzo negativo para la cesación de las indeseables, los docentes pueden moldear y modificar la conducta del alumnado en el aula. Además, la implementación de técnicas de modificación de conducta, como los sistemas de economía de fichas y la gestión de contingencias, permite a los educadores fomentar cambios conductuales positivos y reforzar la conducta apropiada en el alumnado.

El impacto de definir objetivos conductuales se refleja no solo en el progreso individual del estudiante, sino también en la dinámica general del aula y el entorno de aprendizaje. Cuando las expectativas de comportamiento se comunican con claridad y se refuerzan constantemente, es más probable que los estudiantes muestren los comportamientos deseados y participen activamente en el proceso de aprendizaje. Además, al establecer parámetros medibles para los resultados conductuales, los educadores pueden monitorear y evaluar la eficacia de sus intervenciones, lo que les permite realizar ajustes fundamentados en sus estrategias de enseñanza y mecanismos de apoyo.

Abordar diversos objetivos conductuales también requiere un enfoque colaborativo que involucre a educadores, padres y personal de apoyo. Al fomentar canales de comunicación abiertos y coordinar esfuerzos, se puede establecer un sistema de apoyo más cohesionado e integral, que atienda las necesidades multifacéticas de los estudiantes. Este enfoque inclusivo no solo promueve la coherencia en el refuerzo de los objetivos conductuales en diferentes entornos, sino que también facilita la integración fluida de las estrategias conductuales en diversas facetas de la vida del estudiante, maximizando así el potencial de desarrollo integral.

Técnicas Operantes en la Gestión del Aula

El condicionamiento operante proporciona principios y técnicas valiosos que pueden aplicarse para promover el comportamiento positivo y el compromiso académico del alumnado. El uso de estrategias de refuerzo y castigo puede desempeñar un papel importante en la formación de la conducta estudiantil en el aula.

Un aspecto clave de las técnicas operantes en la gestión del aula es el uso del refuerzo positivo. Al ofrecer recompensas o incentivos por comportamientos deseables, los educadores pueden reforzar la conducta positiva y la motivación de los estudiantes. Esto puede incluir elogios, pegatinas, tiempo libre adicional u otras formas de reconocimiento significativas para los estudiantes. Implementar un sistema de recompensas por buen comportamiento no solo anima a los estudiantes a concentrarse, sino que también fomenta un ambiente de clase positivo y de apoyo.

El refuerzo negativo también puede utilizarse como estrategia para la gestión del aula. El refuerzo negativo implica la eliminación de un estímulo aversivo tras la conducta deseada, lo que aumenta la probabilidad de que la conducta se repita. Por ejemplo, si a los estudiantes se les da tiempo adicional de recreo después de completar sus tareas puntualmente, es más probable que continúen completando las tareas sin demora. Es importante destacar que el refuerzo negativo difiere del castigo, ya que se centra en eliminar los estímulos desagradables en lugar de introducirlos.

Junto con el refuerzo, el concepto de castigo debe abordarse con cautela en el aula. Si bien el castigo puede modificar la conducta, su eficacia a largo plazo para promover la comprensión genuina y la motivación intrínseca es limitada. En su lugar, se podrían considerar estrategias alternativas como el tiempo fuera, la pérdida de privilegios o las consecuencias lógicas al abordar las conductas disruptivas. Es fundamental que los educadores utilicen el castigo con moderación, coherencia y equidad para mantener un entorno de aprendizaje equilibrado y respetuoso.

Incorporar estas técnicas operantes en la gestión del aula requiere una planificación minuciosa y constancia. Crear expectativas claras, establecer sistemas de recompensas y establecer consecuencias consistentes para el mal comportamiento puede contribuir a un entorno de aprendizaje estructurado y ordenado. Además, es importante que los educadores evalúen y ajusten continuamente su enfoque según las necesidades individuales de cada estudiante, garantizando que el uso de las técnicas operantes se ajuste a la dinámica específica del aula.

Mejora de la motivación de los estudiantes mediante el refuerzo

Motivar a los estudiantes es un aspecto crucial para una enseñanza y un aprendizaje eficaces. El condicionamiento operante proporciona información valiosa sobre cómo emplear estrategias de refuerzo para mejorar la motivación estudiantil en entornos educativos. Al comprender los principios del refuerzo, los educadores pueden crear un entorno propicio y enriquecedor que fomente la motivación intrínseca y la participación activa en el aprendizaje.

El refuerzo es una herramienta poderosa para moldear conductas y actitudes deseables en los estudiantes. El refuerzo positivo implica la presentación de un estímulo gratificante tras una conducta deseada, lo que aumenta la probabilidad de que dicha conducta se repita. Los educadores pueden aprovechar el refuerzo positivo reconociendo y elogiando los logros académicos, el esfuerzo o la conducta positiva de los estudiantes en el aula. Este enfoque no solo fomenta la autoestima de los estudiantes, sino que también fomenta un entorno de aprendizaje positivo basado en el estímulo y el reconocimiento.

El refuerzo negativo, a menudo malinterpretado como castigo, implica la eliminación de estímulos aversivos tras la manifestación de la conducta deseada. En un contexto educativo, esto podría implicar liberar a los estudiantes de ciertas presiones o tareas académicas una vez que han alcanzado objetivos académicos específicos. Al emplear el refuerzo negativo con criterio, los educadores pueden ayudar a los estudiantes a asociar sus esfuerzos con una reducción del estrés y una mayor autonomía, fomentando así una sensación de control sobre su proceso de aprendizaje.

Además de las formas tradicionales de refuerzo, los educadores pueden implementar contratos de comportamiento y economías de fichas para incentivar el comportamiento orientado a objetivos en los estudiantes. Al establecer expectativas claras y ofrecer recompensas tangibles por alcanzar objetivos predeterminados, estas estrategias refuerzan los comportamientos orientados al logro y facilitan una motivación sostenida en los estudiantes. Además, la incorporación del refuerzo basado en la elección permite a los estudiantes ejercer autonomía al seleccionar sus actividades o caminos de aprendizaje preferidos, fomentando un sentido de pertenencia y una inversión personal en su educación.

Es fundamental que los educadores adapten las técnicas de refuerzo a las necesidades y características individuales de cada estudiante, reconociendo que cada uno puede responder de forma diversa a los distintos métodos de refuerzo. Comprender las preferencias y motivaciones únicas de cada estudiante permite a los educadores adaptar eficazmente las estrategias de refuerzo, maximizando así su impacto en la participación y el rendimiento estudiantil.

Al integrar los principios del condicionamiento operante en las prácticas instruccionales, los educadores pueden cultivar un ambiente de aprendizaje dinámico y empoderador que alimente la motivación intrínseca de los estudiantes, mejore su sentido de competencia y fomente un amor por el aprendizaje que dure toda la vida.

Problemas de conducta - Castigo versus refuerzo

Los problemas de conducta son una preocupación importante en el ámbito educativo y a menudo representan desafíos tanto para educadores como para administradores. Al abordar estos problemas, es crucial considerar la eficacia del castigo frente a las estrategias de refuerzo. Si bien ambos enfoques buscan modificar la conducta, difieren significativamente en su impacto en las experiencias de aprendizaje de las personas y los resultados a largo plazo. El castigo, que implica la aplicación de consecuencias aversivas en respuesta a conductas no deseadas, ha sido una estrategia históricamente predominante en educación. Sin embargo, las investigaciones han demostrado que las medidas punitivas pueden generar respuestas emocionales negativas, resistencia y, potencialmente, exacerbar los problemas de conducta en lugar de resolverlos. Por el contrario, las estrategias de refuerzo, en particular el refuerzo positivo, ofrecen un enfoque más constructivo y sostenible para abordar los problemas de conducta. Al proporcionar consecuencias positivas para las conductas deseadas, el refuerzo no solo motiva a los estudiantes, sino que también fomenta un entorno de aprendizaje propicio y enriquecedor. Este enfoque enfatiza la importancia de reconocer y celebrar los logros de los estudiantes, facilitando así una relación más positiva entre educadores y alumnos. Al implementar estrategias de refuerzo, es fundamental considerar las diferencias individuales y adaptar las intervenciones a las necesidades únicas de los estudiantes. Este enfoque personalizado puede mejorar la eficacia de las técnicas de refuerzo, lo que se traduce en un mayor éxito en la modificación de conducta. Además, el uso del refuerzo se alinea con los principios del aprendizaje socioemocional, promoviendo la empatía, la autorregulación y la motivación intrínseca en los estudiantes. Si bien el castigo puede ofrecer una adhesión inmediata, sus efectos a largo plazo en el bienestar y la participación académica de los estudiantes deben sopesarse cuidadosamente frente a los posibles beneficios. Al comprender el impacto específico del castigo y el refuerzo, los educadores pueden tomar decisiones informadas que prioricen el desarrollo integral y el bienestar general de los estudiantes. A medida que abordamos las complejidades de abordar los problemas de conducta en contextos educativos, es necesario examinar críticamente los fundamentos filosóficos del castigo y el refuerzo. Es imperativo entablar un diálogo continuo y fomentar el desarrollo profesional para perfeccionar y ampliar nuestro repertorio de estrategias de apoyo a la conducta positiva. En última instancia, el objetivo es crear entornos de aprendizaje enriquecedores e inclusivos que empoderen a los estudiantes para prosperar académica, emocional y socialmente.

Intervenciones instructivas efectivas

Diseñar intervenciones educativas efectivas requiere una comprensión profunda de los principios del condicionamiento operante y su aplicación en entornos educativos. Los educadores deben considerar las diversas necesidades de aprendizaje de sus estudiantes, así como las conductas específicas que buscan modificar o mejorar. Un aspecto crucial es la identificación de las conductas objetivo que se alinean con los resultados de aprendizaje deseados. Esto implica un análisis detallado de los antecedentes y las consecuencias asociadas a la conducta, lo que permite a los educadores desarrollar estrategias de intervención específicas. Estas intervenciones deben adaptarse a cada estudiante para garantizar la máxima eficacia. La implementación de las intervenciones implica el uso estratégico de programas de refuerzo y la consideración cuidadosa del momento, la frecuencia y la magnitud de la aplicación del refuerzo. Además, los educadores deben fomentar un ambiente de aula propicio y enriquecedor que propicie un cambio conductual positivo. La colaboración con otros profesionales, como psicólogos escolares o analistas de conducta, puede proporcionar información valiosa y apoyo durante la fase de diseño de la intervención. Es esencial que los educadores supervisen y evalúen continuamente la eficacia de sus intervenciones mediante la recopilación y el análisis sistemáticos de datos. Este enfoque basado en datos permite a los educadores tomar decisiones informadas sobre los ajustes o modificaciones de la intervención. La incorporación de tecnología y metodologías de enseñanza innovadoras puede mejorar aún más las intervenciones educativas, brindando experiencias de aprendizaje atractivas e interactivas. Por último, el desarrollo profesional continuo y la capacitación en estrategias de gestión del comportamiento son vitales para que los educadores perfeccionen continuamente sus habilidades y se mantengan al día con las mejores prácticas.

Implementación de la terapia conductual en la práctica clínica

La terapia conductual es una forma de psicoterapia ampliamente utilizada que se centra en modificar y moldear la conducta mediante técnicas basadas en la evidencia derivadas de los principios del condicionamiento operante. En la práctica clínica, la implementación de la terapia conductual implica un enfoque sistemático y colaborativo entre el terapeuta, el paciente y, a menudo, otras partes interesadas. La fase inicial de la implementación de la terapia conductual en la práctica clínica suele implicar una evaluación integral y el establecimiento de objetivos. Esto implica realizar evaluaciones conductuales exhaustivas, identificar conductas desadaptativas y establecer objetivos terapéuticos claros y medibles en colaboración con el paciente.

Posteriormente, el terapeuta emplea diversas técnicas conductuales, como la gestión de contingencias, las estrategias de refuerzo y el seguimiento de la conducta, para abordar eficazmente los problemas identificados. Es fundamental que los terapeutas adapten las intervenciones a las necesidades y características específicas de cada paciente, garantizando un enfoque terapéutico personalizado y eficaz. Uno de los componentes clave para una implementación exitosa es el establecimiento de un entorno terapéutico de apoyo, donde los pacientes se sientan comprendidos, valorados y empoderados durante todo el proceso. Además, los terapeutas conductuales utilizan la desensibilización sistemática, la terapia de exposición y las técnicas cognitivo-conductuales para abordar los trastornos de ansiedad, las fobias y otros patrones de conducta desadaptativos. Además de la terapia individual, la terapia conductual también se implementa en entornos grupales, ofreciendo oportunidades de refuerzo social, modelado y apoyo entre pares. Los terapeutas deben supervisar y evaluar continuamente el progreso de los pacientes, ajustando las intervenciones en función de la retroalimentación y los resultados. Asimismo, consideraciones éticas como el consentimiento informado, la confidencialidad y la gestión de límites son aspectos integrales de la implementación de la terapia conductual en la práctica clínica. Con el creciente énfasis en las prácticas basadas en la evidencia, se anima a los terapeutas a mantenerse al día con las últimas investigaciones y avances en terapia conductual, asegurando que las intervenciones se ajusten a la mejor evidencia disponible.

Consideraciones éticas en contextos educativos y terapéuticos

En educación, es fundamental respetar los estándares éticos al utilizar técnicas de modificación de conducta. Esto implica respetar la autonomía del alumnado, garantizar el consentimiento informado cuando corresponda y mantener la confidencialidad de las intervenciones conductuales individuales. Los educadores deben considerar el posible impacto del uso del refuerzo y el castigo en el bienestar psicológico y la autoestima del alumnado, con el objetivo de promover un entorno de aprendizaje positivo y de apoyo, a la vez que se esfuerzan por evitar la estigmatización o la marginación de cualquier alumno en particular.

De igual manera, en el campo de la terapia conductual, los profesionales deben adherirse a un estricto código ético para garantizar el bienestar de sus pacientes. Esto incluye obtener el consentimiento informado, proporcionar información precisa sobre la naturaleza y el propósito del tratamiento y salvaguardar la privacidad y confidencialidad de los pacientes. Además, es fundamental que los terapeutas evalúen continuamente la eficacia de las intervenciones conductuales y estén abiertos a modificar los enfoques que puedan causar angustia o incomodidad al paciente. Esto implica consultar regularmente con el paciente para garantizar su comodidad y compromiso con el proceso terapéutico.

Las consideraciones éticas abarcan el empoderamiento de las personas y la promoción de su autonomía. Tanto en contextos educativos como terapéuticos, es fundamental involucrar a estudiantes y clientes en la toma de decisiones relacionadas con sus objetivos e intervenciones conductuales. Este enfoque colaborativo no solo fomenta un sentido de pertenencia y responsabilidad, sino que también mitiga el riesgo de coerción o imposición de intervenciones contra la voluntad de la persona.

Otra consideración ética importante gira en torno al uso de estímulos aversivos y técnicas de castigo. Los profesionales deben sopesar cuidadosamente los posibles beneficios frente a los riesgos y las implicaciones éticas de emplear dichas medidas. Es fundamental evaluar si métodos alternativos menos intrusivos pueden lograr los resultados conductuales deseados antes de recurrir a medidas punitivas. Además, los profesionales deben supervisar y reevaluar continuamente la pertinencia del uso del castigo, considerando el impacto a largo plazo en el bienestar del individuo.

En general, las consideraciones éticas en las aplicaciones educativas y terapéuticas del condicionamiento operante son fundamentales para defender la dignidad, la autonomía y el bienestar de las personas involucradas. Los profesionales y educadores deben integrar la conciencia y la sensibilidad éticas en sus procesos de toma de decisiones, esforzándose por cultivar entornos que promuevan el crecimiento, el respeto y la integridad ética.

CRÍTICA AL CONDICIONAMIENTO OPERANTE

Objeciones filosóficas

El condicionamiento operante, como enfoque para comprender y modificar la conducta, ha enfrentado considerables objeciones filosóficas desde su inicio. Una de las principales críticas se refiere a la naturaleza reduccionista de las teorías conductistas, incluyendo el condicionamiento operante. Los críticos argumentan que el enfoque exclusivo en la conducta observable descuida la riqueza de la experiencia humana, la conciencia y los fenómenos subjetivos. Esta postura reduccionista se considera excesivamente simplista, al no tener en cuenta las complejidades de la conducta y la cognición humanas. Además, algunos filósofos argumentan que el conductismo, incluyendo el condicionamiento operante, pasa por alto el valor intrínseco del libre albedrío y la autonomía en la configuración de las acciones y elecciones individuales. Al enfatizar los estímulos externos y los factores ambientales, se percibe que el conductismo minimiza la importancia de los procesos internos, la toma de decisiones y la autonomía personal. Otra objeción filosófica gira en torno a las implicaciones deterministas del condicionamiento operante. Los críticos sostienen que la naturaleza determinista del conductismo socava las nociones de responsabilidad individual y rendición de cuentas. La idea de que las conductas se configuran únicamente mediante mecanismos de refuerzo y castigo plantea inquietudes sobre la posible devaluación de la autonomía personal y moral. Además, los críticos argumentan que la visión abiertamente mecanicista de la conducta subestima la interconexión de la experiencia humana y la interacción matizada de factores biológicos, psicológicos y sociales. Esta perspectiva simplista disminuye la complejidad de la existencia humana, lo que lleva a una representación reduccionista de los individuos como meros productos del condicionamiento. Por último, quienes se oponen al conductismo plantean inquietudes sobre las implicaciones éticas del uso del refuerzo y el castigo para modificar la conducta. Cuestionan la justificación moral de manipular la conducta mediante contingencias externas, en particular al considerar cuestiones de coerción, consentimiento y respeto por la dignidad individual. Estas objeciones filosóficas resaltan la necesidad de un marco más integral y multidimensional para comprender la conducta humana, que integre las dimensiones cognitivas, emocionales y existenciales más allá de las estrictas contingencias conductuales.

Consideraciones éticas

Como en cualquier forma de modificación de conducta, la implementación de las técnicas de condicionamiento operante debe regirse por principios éticos. Una preocupación principal gira en torno a la posibilidad de coerción y manipulación de las personas mediante el uso de refuerzos y castigos. Esto plantea interrogantes sobre el consentimiento, la autonomía y el potencial de daño psicológico. Los profesionales e investigadores del análisis de conducta deben abordar estos desafíos éticos considerando cuidadosamente el bienestar y los derechos de las personas involucradas.

El uso del condicionamiento operante plantea interrogantes sobre la distribución equitativa de recursos y oportunidades. Pueden surgir inquietudes sobre la equidad y la justicia, especialmente en entornos educativos y terapéuticos donde se emplean estrategias de refuerzo. Es fundamental abordar las cuestiones de acceso, igualdad y la posibilidad de reforzar o perpetuar las desigualdades sociales.

Otra consideración ética crucial se refiere a la transparencia y la rendición de cuentas de quienes implementan intervenciones de condicionamiento operante. Los profesionales deben mantener altos estándares de profesionalismo, garantizando que sus acciones se ajusten a las directrices éticas y las regulaciones legales. Esto implica obtener el consentimiento informado, mantener la confidencialidad y monitorear y evaluar continuamente el impacto de las intervenciones en el bienestar de las personas.

Además de las consideraciones éticas relacionadas con la aplicación del condicionamiento operante, existen implicaciones sociales más amplias que deben considerarse. El uso de técnicas de modificación de conducta puede influir en las normas sociales, los valores y la percepción de la autonomía personal. La reflexión ética es necesaria para comprender las implicaciones de promover ciertas conductas mediante el reforzamiento y abordar las posibles consecuencias no deseadas de moldear la conducta de maneras específicas.

Limitaciones en complejidad y alcance

En el campo del condicionamiento operante, una limitación importante que ha enfrentado esta teoría reside en la simplificación excesiva del comportamiento humano, según lo propuesto por los críticos. Si bien el condicionamiento operante proporciona un marco valioso para comprender y modificar el comportamiento, puede pasar por alto la interacción de factores genéticos, cognitivos y ambientales que contribuyen a las acciones individuales. Esta simplificación podría conducir a una visión reduccionista del comportamiento humano, descuidando la riqueza y profundidad de la experiencia humana y los procesos de toma de decisiones. Además, puede ignorar la influencia de las normas culturales, las expectativas sociales y los valores personales en los resultados conductuales.

Otro aspecto crucial es el alcance del comportamiento que el condicionamiento operante puede abordar eficazmente. Si bien ha demostrado éxito en la modelación de comportamientos observables, los críticos argumentan que puede tener dificultades para explicar estados internos como emociones, pensamientos y actitudes. El énfasis en las manifestaciones externas del comportamiento podría eclipsar los procesos internos subyacentes que impactan significativamente las acciones de un individuo. Además, la capacidad del condicionamiento operante para abordar comportamientos complejos y multifacéticos, especialmente aquellos influenciados por constructos abstractos como la formación de la identidad y el razonamiento moral, sigue siendo objeto de debate.

Además, el alcance limitado del condicionamiento operante se hace evidente al considerar la transferencia del aprendizaje entre diferentes contextos y situaciones. Los críticos argumentan que, si bien el condicionamiento operante puede modificar eficazmente la conducta en entornos controlados, su eficacia para promover cambios conductuales duraderos en diversos entornos del mundo real es incierta. Esto plantea inquietudes sobre la generalización y el mantenimiento de las conductas aprendidas a lo largo del tiempo, especialmente en situaciones dinámicas e impredecibles. Además, la aplicación del condicionamiento operante para abordar patrones de conducta profundamente arraigados o trastornos psicológicos puede presentar dificultades debido a la naturaleza de estos problemas, lo que requiere un enfoque más integral.

Para abordar estas limitaciones, es imperativo reconocer las complejidades inherentes y los matices contextuales asociados al comportamiento humano. Reconocer la naturaleza multifacética del comportamiento e incorporar perspectivas de diversas disciplinas como la psicología, la sociología y la antropología puede enriquecer la comprensión de la modificación de conducta. Adoptar una perspectiva holística que abarque tanto los comportamientos observables como los procesos internos permite un enfoque más integral y matizado hacia el cambio de comportamiento.

Variabilidad cultural y contextual

La influencia de los factores sociales y culturales en la conducta plantea un desafío significativo a la universalidad de los principios del condicionamiento operante. La variabilidad cultural y contextual se refiere a la comprensión de que las conductas, los refuerzos y los castigos pueden tener diferentes significados y trascendencias según las diversas normas culturales y contextos sociales.

Las consideraciones culturales y contextuales influyen en la identificación e interpretación de estímulos reforzantes y punitivos. Las normas culturales desempeñan un papel crucial en la definición de conductas deseables e indeseables, configurando los tipos de reforzadores y punitivos relevantes en un entorno cultural específico. Además, las variaciones en las estructuras familiares, las jerarquías sociales y los valores comunitarios contribuyen a la complejidad de la dinámica conductual.

Los desafíos de aplicar técnicas de condicionamiento operante en diversas culturas se ven agravados por las diversas creencias sobre la agencia y la autonomía individual. Algunas culturas pueden priorizar la armonía colectiva sobre la independencia individual, lo que genera perspectivas distintas sobre la regulación y modificación de la conducta. Los sistemas de valores y las estructuras de creencias de una cultura influyen en la conceptualización del cambio de conducta y en la aceptabilidad de diversas estrategias de refuerzo y castigo.

La variabilidad cultural y contextual afecta la generalización y transferencia de las conductas aprendidas. Lo que se considera un refuerzo apropiado o eficaz en un contexto cultural no necesariamente produce resultados similares en otro. Por consiguiente, los profesionales e investigadores deben comprender las complejidades de la sensibilidad cultural y la adaptabilidad contextual al implementar los principios del condicionamiento operante.

Además, la consideración de las influencias culturales y contextuales ofrece perspectivas sobre las dimensiones éticas de la modificación de conducta. Garantizar que las intervenciones se ajusten a prácticas culturalmente sensibles y contextualmente relevantes es esencial para promover el respeto y la inclusión en las intervenciones conductuales. La sensibilidad hacia la diversidad cultural es fundamental para abordar las necesidades y perspectivas de personas de diversos orígenes culturales.

Perspectivas alternativas sobre la modificación de la conducta

Al examinar perspectivas alternativas sobre la modificación de la conducta, se hace evidente que diversos marcos teóricos ofrecen diferentes explicaciones del comportamiento humano y enfoques alternativos de intervención. Una de estas perspectivas es el enfoque cognitivo-conductual, que integra elementos de la psicología cognitiva con el conductismo. Esta perspectiva enfatiza el papel de los procesos mentales internos en la configuración del comportamiento, reconociendo la influencia de los pensamientos, creencias y percepciones en las acciones individuales. Quienes defienden este enfoque argumentan que al abordar los patrones de pensamiento desadaptativos y las distorsiones cognitivas, se pueden lograr cambios significativos en el comportamiento de forma eficaz.

Otra perspectiva alternativa es el enfoque humanista, que enfatiza la experiencia subjetiva y la autorrealización de las personas. Los psicólogos humanistas argumentan que el comportamiento no puede comprenderse únicamente a través de estímulos y respuestas observables, sino que debe analizarse en el contexto de las percepciones, motivaciones y valores únicos de cada individuo. Este enfoque aboga por un enfoque empático y centrado en el cliente para el cambio de comportamiento, con énfasis en el crecimiento y la realización personal.

Además, la perspectiva psicodinámica ofrece una perspectiva alternativa para comprender la modificación de la conducta. Basada en las teorías de Sigmund Freud y otros teóricos psicodinámicos posteriores, este enfoque postula que la conducta está fuertemente influenciada por impulsos inconscientes, conflictos y experiencias tempranas. Quienes defienden esta perspectiva abogan por una exploración profunda del inconsciente y las heridas emocionales no resueltas como medio para lograr un cambio conductual duradero.

La perspectiva sociocultural destaca el impacto de los factores sociales y culturales en el comportamiento. Esta perspectiva afirma que el comportamiento está profundamente influenciado por las normas sociales, los valores culturales y las estructuras sociales. Exige considerar las influencias contextuales más amplias para comprender y modificar el comportamiento, reconociendo la interconexión entre los individuos y sus entornos sociales.

Desafíos empíricos y contraevidencia

Uno de los principales desafíos empíricos que ha enfrentado el condicionamiento operante se relaciona con su consistencia y predictibilidad en diversos contextos e individuos. Si bien los principios de refuerzo y castigo se han estudiado ampliamente en entornos controlados, su generalización a escenarios del mundo real sigue siendo un tema controvertido. Estudios han demostrado que diversos factores, incluyendo las diferencias individuales y las influencias ambientales, pueden afectar significativamente la efectividad de las técnicas de condicionamiento operante. Además, la dinámica temporal del cambio de conducta y la presencia de variables de confusión plantean desafíos adicionales para establecer una relación causal entre estímulos y respuestas. Asimismo, la acumulación de evidencia contraria proveniente de estudios experimentales exige una evaluación crítica de los supuestos subyacentes del condicionamiento operante. Los investigadores han documentado casos en los que las técnicas de modificación de conducta basadas en principios operantes han arrojado resultados inconsistentes o no han logrado producir cambios duraderos en la conducta. Estos hallazgos subrayan la necesidad de una comprensión matizada de las condiciones límite y las limitaciones del condicionamiento operante. Además, los avances en la investigación neurocientífica han esclarecido los mecanismos neuronales que subyacen a la conducta y la cognición, lo que ha impulsado una reevaluación del simplista marco estímulo-respuesta propuesto por el condicionamiento operante. La evidencia que sugiere la interacción de los procesos cognitivos, los estados emocionales y los factores motivacionales en la configuración de la conducta desafía la naturaleza reduccionista de los principios operantes. Integrar estos hallazgos en el discurso sobre el condicionamiento operante enriquece nuestra comprensión del comportamiento humano y ofrece vías para refinar los marcos teóricos existentes.

El papel de la cognición y la motivación

Elementos cognitivos como la percepción, la memoria, la toma de decisiones y la resolución de problemas influyen significativamente en la respuesta de las personas al refuerzo y al castigo. Comprender estos mecanismos cognitivos es crucial para una comprensión integral de la modificación de la conducta. Además, la motivación actúa como motor del comportamiento y desempeña un papel fundamental en el condicionamiento operante. La motivación intrínseca, la motivación extrínseca y la complejidad de las preferencias y deseos individuales influyen significativamente en la eficacia de las estrategias de refuerzo. Exploramos cómo los motivadores intrínsecos, como la autonomía y el dominio, pueden fomentar un cambio conductual sostenible, mientras que los motivadores externos, como las recompensas y los castigos, pueden tener efectos limitados y a corto plazo.

La relación recíproca entre cognición y motivación merece una consideración exhaustiva. Los procesos cognitivos implicados en la evaluación de posibles recompensas y castigos, la ponderación de las consecuencias y la toma de decisiones están profundamente entrelazados con los estados motivacionales. Esta interacción dinámica entre cognición y motivación demuestra la naturaleza multidimensional de la modificación de la conducta.

También abordamos las implicaciones de los factores cognitivos y motivacionales para las aplicaciones prácticas del condicionamiento operante. Al integrar enfoques cognitivo-conductuales y técnicas de mejora motivacional, los profesionales pueden diseñar programas de intervención conductual más personalizados y efectivos. Reconocer las diferencias individuales en los estilos cognitivos y las orientaciones motivacionales permite a educadores, terapeutas y analistas de conducta personalizar intervenciones que se ajusten a las necesidades y aspiraciones únicas de cada alumno o cliente.

Desarrollos recientes en la crítica

En los últimos años, el campo del condicionamiento operante se ha enfrentado a una oleada de nuevas críticas y desafíos que han suscitado un amplio debate y una mayor exploración. Un avance notable es la creciente atención a las consideraciones culturales y contextuales que configuran el comportamiento y los procesos de aprendizaje. Académicos y profesionales han enfatizado la necesidad de reconocer la diversidad de las experiencias humanas y la influencia de los factores socioculturales en los patrones de comportamiento. Este cambio ha dado lugar a debates más matizados sobre la generalización de los principios del condicionamiento operante en diferentes poblaciones y entornos.

Otro aspecto significativo de las críticas recientes se refiere a las dimensiones éticas de las técnicas de modificación de conducta derivadas del condicionamiento operante. Con la creciente conciencia de los derechos y la autonomía individuales, se ha intensificado el escrutinio de los posibles riesgos y consecuencias imprevistas asociados con la aplicación de estrategias de refuerzo y castigo. Los especialistas en ética y otros profesionales han solicitado el perfeccionamiento de las directrices y salvaguardias éticas para garantizar que las intervenciones conductuales respeten los principios de respeto, equidad y bienestar.

Los avances en psicología cognitiva y neurociencia han propiciado una comprensión más profunda de la interacción entre cognición, emoción y conducta, cuestionando el simplista marco de estímulo-respuesta que suele asociarse con el condicionamiento operante. Esto ha impulsado debates continuos sobre la integración de elementos cognitivos en el análisis de la conducta y sus implicaciones para el perfeccionamiento de las estrategias de intervención.

Un área particularmente polémica de desarrollo reciente se centra en el resurgimiento del interés en enfoques alternativos para la modificación de la conducta, incluyendo modelos humanísticos y centrados en la persona que priorizan la autonomía individual, el crecimiento personal y el bienestar holístico. Quienes defienden estas perspectivas abogan por una postura más integral y humanizadora para comprender e influir en la conducta, alejándose de las raíces conductistas del condicionamiento operante.

La investigación empírica emergente también ha cuestionado la solidez y la aplicabilidad universal de los principios tradicionales del condicionamiento operante. Los estudios que exploran las complejidades de la motivación humana, la autorregulación y la dinámica interpersonal han complicado la perspectiva determinista del cambio de comportamiento y han puesto de relieve la necesidad de un enfoque más dinámico y multidimensional.

COMPARACIÓN CON OTRAS TEORÍAS DEL APRENDIZAJE

Teoría del aprendizaje social

La teoría del aprendizaje social, impulsada por Albert Bandura, presenta un marco convincente para comprender el papel del aprendizaje observacional en el comportamiento humano. En el núcleo de esta teoría se encuentra la premisa de que los individuos aprenden no solo mediante el refuerzo directo o el castigo, sino también observando e imitando a otros en su entorno social.

Un principio central de la teoría del aprendizaje social es el concepto de modelado, según el cual los individuos emulan los comportamientos de otros, conocidos como modelos, a quienes perciben como creíbles, competentes o prestigiosos. El famoso experimento del muñeco Bobo de Bandura ejemplificó el poder del modelado, demostrando cómo los niños imitaban comportamientos agresivos observados en adultos. Esto arroja luz sobre el papel influyente de los medios de comunicación, la familia, los pares y las figuras sociales en la formación de patrones de comportamiento mediante el aprendizaje observacional.

La teoría dilucida la importancia del refuerzo vicario, en el que los individuos observan las consecuencias de las acciones de otros y ajustan su comportamiento en consecuencia. Al presenciar cómo otros son recompensados o castigados por comportamientos específicos, los individuos experimentan un proceso cognitivo de internalización de estos resultados, lo que influye en su conducta futura. Desde una perspectiva más amplia, este mecanismo tiene profundas implicaciones en diversos entornos, como la educación, la dinámica laboral y las interacciones sociales.

La teoría del aprendizaje social enfatiza la interacción crucial entre la cognición y la conducta. Subraya los procesos cognitivos implicados en la atención, la retención, la reproducción y la motivación, como componentes esenciales del aprendizaje observacional. Este enfoque integrador destaca las complejas operaciones mentales que subyacen a la adquisición y manifestación de las conductas observadas en otros, ofreciendo una comprensión matizada de la dinámica del aprendizaje humano.

Fundamentalmente, la teoría enfatiza el papel de la autoeficacia en la determinación de la probabilidad de que los individuos realicen las conductas observadas. Al evaluar sus propias capacidades para ejecutar con éxito una conducta, las personas son más propensas a replicar acciones que perciben como alcanzables, lo que refuerza la relación bidireccional entre los factores cognitivos y la puesta en práctica de la conducta.

Teoría del aprendizaje cognitivo

La teoría del aprendizaje cognitivo es un marco integral que se centra en los procesos mentales internos implicados en el aprendizaje, a diferencia de las asociaciones puramente externas entre estímulos y respuestas. En esencia, la teoría del aprendizaje cognitivo enfatiza el papel de las estructuras y procesos mentales en la configuración del comportamiento y la cognición humanos. A diferencia de las teorías conductuales, que se centran en los comportamientos observables, la teoría cognitiva profundiza en cómo los individuos codifican, procesan y recuperan información, y cómo estas actividades mentales influyen en el aprendizaje y el comportamiento.

Uno de los principios fundamentales de la teoría del aprendizaje cognitivo es el concepto de esquema, que se refiere a la estructura organizada del conocimiento de un individuo. Los esquemas abarcan conceptos, categorías y relaciones, e influyen en cómo se interpreta e integra la nueva información con el conocimiento existente. Esta desviación de las perspectivas conductistas enfatiza la importancia del conocimiento previo, la percepción y los procesos de pensamiento en la configuración de los resultados del aprendizaje.

La teoría del aprendizaje cognitivo pone un énfasis considerable en los procesos de memoria y los modelos de procesamiento de la información. Explora las etapas de la memoria, incluyendo la memoria sensorial, la memoria a corto plazo y la memoria a largo plazo, arrojando luz sobre cómo se retiene y utiliza la información a lo largo del tiempo. Además, la teoría profundiza en los procesos cognitivos implicados en la resolución de problemas, la toma de decisiones y el razonamiento, arrojando luz sobre las complejidades del pensamiento humano.

El contraste entre la teoría del aprendizaje cognitivo y otros paradigmas, como el conductismo y el constructivismo, revela perspectivas distintivas sobre la naturaleza del aprendizaje. Mientras que el conductismo minimiza el papel de los procesos mentales internos, centrándose en los estímulos y respuestas externos, la teoría cognitiva destaca el papel activo de la mente del estudiante. De igual manera, el constructivismo enfatiza la participación activa del estudiante en la construcción del conocimiento, en consonancia con el reconocimiento de la teoría cognitiva de la participación proactiva del estudiante en el proceso de aprendizaje.

La integración de la neurociencia cognitiva ha enriquecido nuestra comprensión de los procesos de aprendizaje cognitivo, desentrañando los fundamentos neuronales de la memoria, la atención y la toma de decisiones. La naturaleza interdisciplinaria de la teoría del aprendizaje cognitivo incorpora perspectivas de la psicología, la neurociencia, la lingüística y la inteligencia artificial, ofreciendo una perspectiva multidimensional del aprendizaje.

Teorías humanistas del aprendizaje

Las teorías humanistas del aprendizaje enfatizan la importancia de las experiencias individuales, las emociones y la autonomía personal en el proceso de aprendizaje. Provenientes de la psicología humanista, estas teorías priorizan el desarrollo holístico de las personas, centrándose en su bienestar emocional y social, junto con el crecimiento cognitivo. A diferencia de las perspectivas conductistas y cognitivistas, las teorías humanistas, como las propuestas por Carl Rogers y Abraham Maslow, subrayan el deseo innato de autorrealización y la importancia del potencial humano en el aprendizaje. Un elemento central de las teorías humanistas es el concepto de educación centrada en el alumno, que aboga por enfoques personalizados e impulsados por el estudiante que reconocen la singularidad de cada uno. En lugar de adoptar un método de instrucción estandarizado o uniforme, las teorías humanistas del aprendizaje promueven un entorno que respete la diversidad y fomente la autoexploración. Los principios clave de las teorías humanistas incluyen la consideración positiva incondicional, la comprensión empática y el fomento de la creatividad y la autoexpresión. Al enfatizar el individualismo en el aprendizaje, estas teorías buscan promover un sentido de autonomía y motivación intrínseca en los estudiantes, inspirándolos a tomar las riendas de su trayectoria educativa. Los enfoques humanistas también enfatizan la importancia de las relaciones interpersonales y los entornos de aprendizaje colaborativo, fomentando un sentido de comunidad y respeto mutuo. Además, al abarcar a la persona en su totalidad, las teorías humanistas reconocen la interconexión de los aspectos sociales, emocionales y cognitivos en el proceso de aprendizaje. Esta integración fomenta una experiencia educativa más integral que reconoce la naturaleza multifacética del desarrollo humano. A medida que educadores e investigadores continúan explorando las implicaciones de las teorías humanistas del aprendizaje, existe un debate continuo sobre la implementación práctica de estos principios en diversos entornos educativos. Equilibrar los ideales del individualismo con las demandas estructurales de la educación formal presenta desafíos; sin embargo, los beneficios potenciales de promover experiencias de aprendizaje autodirigidas, compasivas y significativas son cada vez más reconocidos.

Enfoques constructivistas

El constructivismo es una filosofía pedagógica que enfatiza el rol activo del estudiante en la construcción de su comprensión del mundo. Este enfoque afirma que los estudiantes construyen conocimiento y comprensión mediante experiencias significativas, reflexión y procesos cognitivos. En lugar de recibir información pasivamente, los estudiantes interactúan activamente con nuevas ideas, conceptos y habilidades, integrándolos en su marco de conocimiento existente.

Un aspecto central de los enfoques constructivistas es la noción de que el aprendizaje se ve influenciado por los contextos sociales y culturales. Por ello, los educadores que utilizan este enfoque suelen diseñar entornos de aprendizaje que fomentan la colaboración, el debate y las actividades basadas en la indagación. Al fomentar la interacción con compañeros, instructores y aplicaciones prácticas, los estudiantes pueden explorar diversas perspectivas y negociar significados, lo que enriquece su construcción de conocimiento.

Una implicación clave de los enfoques constructivistas es el énfasis en la metacognición y el aprendizaje autorregulado. Se anima a los estudiantes a reflexionar sobre sus procesos de pensamiento, monitorear su comprensión y regular sus estrategias de aprendizaje. Esta conciencia metacognitiva fomenta la autonomía y la independencia en el aprendizaje, dotando a las personas de herramientas para gestionar eficazmente sus propias experiencias de aprendizaje.

El constructivismo subraya el valor de las tareas auténticas y la resolución de problemas del mundo real. Al presentar a los estudiantes problemas desafiantes y abiertos, los educadores promueven el pensamiento crítico, la creatividad y la aplicación del conocimiento en contextos prácticos. Este enfoque cultiva habilidades que van más allá de la memorización mecánica, fomentando una comprensión más profunda del tema y su relevancia para situaciones reales.

Los críticos del enfoque constructivista argumentan que no siempre se ajusta a las evaluaciones estandarizadas y las estructuras educativas tradicionales. Sin embargo, sus defensores destacan que el constructivismo prepara mejor a los estudiantes para las complejidades del mundo moderno, donde se valoran enormemente la adaptabilidad, la creatividad y el aprendizaje permanente.

En la era digital actual, la tecnología también ha influido en las prácticas constructivistas, ofreciendo simulaciones inmersivas, plataformas interactivas y herramientas colaborativas que potencian la participación y la exploración del alumnado. La integración de recursos tecnológicos con principios constructivistas puede proporcionar experiencias de aprendizaje dinámicas que resuenen con el alumnado contemporáneo.

Modelos de procesamiento de información

Los modelos de procesamiento de la información constituyen un marco fascinante para comprender cómo las personas perciben, interpretan y responden a los estímulos. Estos modelos proponen que la cognición humana refleja el funcionamiento de una computadora, donde la información entrante se procesa a través de varias etapas antes de producir una respuesta conductual. Esta sección profundiza en las complejidades de las arquitecturas y mecanismos cognitivos, arrojando luz sobre la interacción de la memoria sensorial, la memoria de trabajo y la memoria a largo plazo en la configuración de los procesos de aprendizaje humano. Al explorar los conceptos de atención, codificación y recuperación dentro de este marco, los lectores obtienen valiosas perspectivas sobre los complejos fundamentos de la función cognitiva. Además, la sección examina el papel de las funciones ejecutivas, como el control cognitivo y la toma de decisiones, en la mediación de los resultados del aprendizaje y la conducta adaptativa. También analiza la influencia de la carga cognitiva y los recursos mentales en el procesamiento de la información, explicando cómo factores como la multitarea y el estrés pueden afectar la eficiencia del aprendizaje. Asimismo, la sección examina los modelos conexionistas y los sistemas de procesamiento distribuido paralelo, destacando sus contribuciones a la comprensión de cómo se representa y se accede al conocimiento en la mente humana. Enfatizando la importancia de la metacognición y la autorregulación, describe las estrategias que emplean los individuos para monitorear y optimizar sus procesos cognitivos, mejorando así sus experiencias de aprendizaje.

Perspectivas integradoras

En el campo de la psicología educativa, el concepto de sincretismo desempeña un papel fundamental para comprender la interconexión y compatibilidad de diversas teorías del aprendizaje. Al evaluar el sincretismo en las teorías del aprendizaje, es fundamental considerar cómo se pueden integrar los diferentes marcos teóricos para lograr una comprensión integral del aprendizaje y el comportamiento humanos. Esta perspectiva integradora implica examinar los puntos en común y las divergencias entre las teorías del aprendizaje, enfatizando la influencia mutua y la superposición que existe entre ellas.

Un enfoque para evaluar el sincretismo en las teorías del aprendizaje consiste en un análisis comparativo de los principios fundamentales y los supuestos subyacentes. Al examinar los principios fundamentales de diferentes teorías del aprendizaje, como el conductismo, el cognitivismo y el constructivismo, educadores e investigadores pueden dilucidar sus elementos comunes e identificar oportunidades de integración. Además, este proceso facilita una comprensión más profunda de la naturaleza multifacética del aprendizaje, reconociendo que las diversas perspectivas contribuyen a una comprensión más holística de los fenómenos educativos.

Una perspectiva integradora requiere un análisis matizado de cómo las aplicaciones prácticas de las distintas teorías del aprendizaje se intersectan y complementan en contextos reales. Los educadores se enfrentan al reto de elaborar enfoques pedagógicos que se basen en múltiples marcos teóricos para satisfacer las diversas necesidades y estilos de aprendizaje de los estudiantes. Al evaluar las implicaciones pragmáticas de la integración de las teorías del aprendizaje, los educadores pueden desarrollar estrategias didácticas dinámicas que aprovechen las fortalezas de cada teoría y mitiguen sus respectivas limitaciones.

Otra faceta de la evaluación del sincretismo en las teorías del aprendizaje implica considerar las dimensiones socioculturales y de desarrollo del aprendizaje. Al reconocer que el aprendizaje ocurre dentro de sistemas socioambientales complejos, una perspectiva integradora abarca la exploración de cómo diversas teorías del aprendizaje abordan la interacción entre los procesos cognitivos individuales y las influencias externas. Al adoptar una comprensión holística del aprendizaje que incorpora factores socioculturales y contextuales, los educadores pueden promover prácticas educativas más inclusivas y culturalmente receptivas.

Esta perspectiva integradora enfatiza la necesidad de la colaboración interdisciplinaria y el diálogo entre académicos y profesionales de diversos campos. Al trascender las fronteras disciplinarias y participar en un discurso interdisciplinario, educadores e investigadores pueden cultivar un rico entramado de ideas y perspectivas que trascienden los límites de las teorías de aprendizaje singulares. Este esfuerzo colaborativo fomenta una relación simbiótica entre diferentes paradigmas teóricos, lo que permite el surgimiento de nuevos marcos que integran la sabiduría de diversas disciplinas.

Aplicaciones pragmáticas

Demostrar un profundo conocimiento de diversas teorías del aprendizaje es fundamental para diseñar estrategias e intervenciones educativas eficaces. Las aplicaciones pragmáticas de estas teorías se extienden a diversos entornos educativos, atendiendo las necesidades y estilos de aprendizaje individuales de los estudiantes. Al aprovechar los conocimientos del condicionamiento clásico, los educadores pueden diseñar planes de modificación de conducta dirigidos a respuestas específicas en los estudiantes. Por otro lado, la teoría del aprendizaje social enfatiza el papel crucial del aprendizaje observacional, impulsando a los educadores a crear entornos de aprendizaje colaborativos e interactivos donde los estudiantes puedan observar e imitar comportamientos positivos.

La teoría del aprendizaje cognitivo subraya la importancia de procesos mentales como la atención, la memoria y la resolución de problemas, lo que guía a los educadores a desarrollar métodos de enseñanza que estimulen el pensamiento crítico y la retención de información. Las teorías humanistas del aprendizaje, centradas en la autorrealización y el crecimiento personal, inspiran a los educadores a fomentar un entorno que fomente la creatividad, la autonomía y el respeto por las diferencias individuales, promoviendo así el desarrollo holístico. De igual manera, los enfoques constructivistas abogan por la exploración y el descubrimiento centrados en el alumno, animando a los educadores a facilitar experiencias de aprendizaje activo y promover la construcción del conocimiento mediante actividades prácticas y aplicaciones prácticas.

Los modelos de procesamiento de la información proporcionan información valiosa sobre cómo los estudiantes perciben, codifican, almacenan y recuperan información, lo que lleva a los educadores a adoptar estrategias que optimizan el procesamiento cognitivo y la consolidación de la memoria. Las perspectivas integradoras permiten a los educadores sintetizar las fortalezas de múltiples teorías para crear un enfoque educativo integral, adaptativo e inclusivo, garantizando que los estudiantes con diversidad cultural reciban apoyo personalizado y oportunidades de crecimiento. Al profundizar en la comprensión de las implicaciones prácticas de estas diversas teorías, los educadores están capacitados para emplear un enfoque multidimensional en sus prácticas docentes, atendiendo las necesidades multifacéticas de los estudiantes y fomentando una experiencia educativa enriquecedora.

Este análisis de aplicaciones prácticas se centra en el reconocimiento de que aprovechar diversas teorías del aprendizaje mejora la eficacia pedagógica, permitiendo a los educadores adaptar sus prácticas a las necesidades específicas de sus estudiantes. Mediante la integración rigurosa de estas contribuciones teóricas, los educadores pueden diseñar enfoques instruccionales que se adapten a las diversas preferencias y aptitudes de aprendizaje de sus estudiantes, fomentando así un entorno de aprendizaje inclusivo, atractivo e impactante.

DIRECCIONES FUTURAS DEL CONDICIONAMIENTO OPERANTE

Metodologías y tecnologías innovadoras

En el campo del condicionamiento operante, las metodologías innovadoras y las tecnologías de vanguardia han transformado significativamente la forma en que los investigadores estudian y aplican los principios del comportamiento. Un avance notable es la integración de análisis de datos avanzados y algoritmos de aprendizaje automático para analizar patrones de comportamiento complejos y predecir resultados con mayor precisión. Estos enfoques computacionales permiten la exploración de grandes conjuntos de datos, revelando relaciones sutiles entre las variables ambientales y las respuestas conductuales. Además, las tecnologías de realidad virtual y realidad aumentada han revolucionado la simulación de entornos reales para experimentos de comportamiento, permitiendo a los investigadores crear entornos controlados que imitan condiciones naturales. Al sumergir a los sujetos en escenarios virtuales interactivos, los científicos pueden observar y manipular comportamientos de forma altamente controlada, ofreciendo información previamente inalcanzable. Asimismo, el uso de dispositivos de biorretroalimentación y sensores portátiles ha abierto nuevas vías para la monitorización en tiempo real de marcadores fisiológicos y conductuales, facilitando una comprensión más profunda de los mecanismos subyacentes del condicionamiento operante. Estas herramientas proporcionan medidas objetivas invaluables, permitiendo a los investigadores capturar cambios sutiles en las respuestas y adaptar las intervenciones con mayor eficacia. Además, los avances en las técnicas de neuroimagen, como la resonancia magnética funcional y la electroencefalografía, han fomentado una mayor comprensión de los correlatos neuronales de la conducta operante. Al dilucidar las relaciones entre el cerebro y la conducta, estas metodologías ofrecen un profundo conocimiento de los procesos cognitivos que sustentan los paradigmas del condicionamiento operante. La integración de la robótica y la automatización también ha agilizado la implementación de protocolos de condicionamiento operante, mejorando la precisión y la reproducibilidad experimental, a la vez que minimiza el error humano. Gracias a la integración fluida de estas metodologías y tecnologías innovadoras, el campo del condicionamiento operante continúa ampliando los límites del conocimiento, arrojando luz sobre la dinámica de las interacciones entre la conducta y el entorno y allanando el camino para aplicaciones transformadoras en diversos ámbitos, como la psicología, la neurociencia, la educación y la rehabilitación.

Avances neurocientíficos en el condicionamiento operante

En los últimos años se ha observado un auge en el interés por explorar los fundamentos neurocientíficos del condicionamiento operante. Los investigadores están profundizando en el funcionamiento del cerebro para comprender cómo los diferentes procesos neurológicos contribuyen al aprendizaje y la modificación de la conducta. Un área clave de interés es el papel de los neurotransmisores, como la dopamina y la serotonina, en la configuración de los mecanismos de refuerzo. Diversos estudios han dilucidado la compleja interacción entre estos neurotransmisores y los circuitos neuronales implicados en el procesamiento de la recompensa, arrojando luz sobre la base neurológica de la conducta operante.

Los avances en las técnicas de neuroimagen, como la resonancia magnética funcional y la electroencefalografía, han permitido a los investigadores observar la actividad cerebral en tiempo real durante tareas de condicionamiento operante. Esto ha proporcionado información sin precedentes sobre cómo regiones cerebrales específicas, como la corteza prefrontal y el sistema límbico, contribuyen al proceso de aprendizaje. Al mapear los correlatos neuronales de la conducta operante, los científicos están descubriendo las firmas neuronales asociadas con el refuerzo, el castigo y la toma de decisiones, lo que ofrece una ventana al funcionamiento interno de la mente.

Otra interesante línea de investigación se centra en la intersección de la neurociencia y la tecnología en el desarrollo de técnicas de neuromodulación. Se están explorando métodos no invasivos, como la estimulación magnética transcraneal (EMT) y la estimulación transcraneal por corriente directa (tDCS), por su potencial para modular la actividad neuronal y mejorar los resultados del condicionamiento operante. Estos enfoques son prometedores para optimizar el aprendizaje y las intervenciones conductuales al actuar directamente sobre los circuitos neuronales implicados en los procesos operantes.

Estudios que investigan el impacto del enriquecimiento ambiental y la estimulación sensorial en la plasticidad neuronal han resaltado la interconexión entre los factores ambientales y las adaptaciones neurológicas que subyacen al condicionamiento operante. Una comprensión más profunda de cómo el entorno interactúa con los procesos neuronales abre nuevas vías para el diseño de entornos de aprendizaje enriquecidos que promuevan conductas adaptativas mediante experiencias sensoriales específicas.

Enfoques y colaboraciones interdisciplinarias

El avance del condicionamiento operante se ha visto facilitado en gran medida por la integración de conocimientos y metodologías de diversas disciplinas. La colaboración entre científicos del comportamiento, neurocientíficos, ingenieros informáticos y profesionales de diversos campos ha dado lugar a enfoques innovadores y a una comprensión más profunda de la modificación de la conducta. Al aprovechar la experiencia de diferentes ámbitos, los investigadores han podido explorar la compleja interacción entre los procesos cognitivos, los mecanismos neuronales y las influencias ambientales en la conducta operante.

En el campo de la neurociencia, las colaboraciones con psicólogos cognitivos y neurobiólogos han aportado información valiosa sobre los circuitos neuronales y los sistemas de neurotransmisores implicados en los procesos de refuerzo y castigo. Estas colaboraciones no solo han enriquecido nuestra comprensión de los mecanismos neuronales subyacentes, sino que también han abierto nuevas vías para intervenciones y tratamientos específicos para los trastornos de conducta.

La intersección del condicionamiento operante con la tecnología digital ha generado interesantes posibilidades para la recopilación, el análisis y la aplicación de intervenciones de datos en tiempo real. En este contexto, la colaboración con expertos en interacción persona-computadora, ciencia de datos e inteligencia artificial ha generado herramientas y plataformas innovadoras para programas personalizados de modificación de conducta. Estos esfuerzos interdisciplinarios tienen el potencial de revolucionar la aplicación del condicionamiento operante en entornos educativos, terapias clínicas y la vida cotidiana.

Más allá de los límites tradicionales de la psicología y la neurociencia, la colaboración con expertos en campos como la economía, las políticas públicas y la sociología ha permitido una exploración más exhaustiva de los impactos sociales de los principios del condicionamiento operante. Al integrar las teorías de la economía conductual y las perspectivas socioculturales, los investigadores han logrado una mejor comprensión de cómo las normas sociales, los incentivos económicos y los marcos políticos pueden influir en la eficacia de las intervenciones de condicionamiento operante a nivel poblacional.

Los efectos sinérgicos de las colaboraciones interdisciplinarias se extienden más allá del ámbito de la investigación y la construcción teórica. Estas colaboraciones también han allanado el camino para el desarrollo de prácticas basadas en la evidencia que responden mejor a la naturaleza compleja y dinámica del comportamiento humano. Al fomentar el diálogo y el intercambio de conocimientos entre diversas disciplinas, el campo del condicionamiento operante se beneficia de un rico abanico de ideas y enfoques que pueden abordar desafíos multifacéticos para promover conductas adaptativas y el bienestar.

Condicionamiento operante en entornos digitales

La aplicación de los principios del condicionamiento operante en entornos digitales representa un área significativa de interés e innovación dentro del campo de la investigación conductual. Dada la omnipresencia de la tecnología y su integración en diversos aspectos de la vida cotidiana, comprender cómo se puede aprovechar el condicionamiento operante en contextos digitales es vital para abordar una amplia gama de desafíos y oportunidades conductuales. El potencial del condicionamiento operante mediado digitalmente abre nuevas posibilidades para la modificación de la conducta, la adquisición de habilidades y las estrategias de intervención. En entornos educativos, las plataformas digitales ofrecen un amplio abanico para implementar programas de refuerzo personalizados, sistemas de aprendizaje adaptativo y mecanismos de retroalimentación en tiempo real basados en los principios del condicionamiento operante. Al integrar elementos de gamificación e interfaces interactivas, educadores e investigadores pueden crear entornos atractivos que facilitan la modelación efectiva de conductas y el desarrollo de habilidades. Además, en el campo de las aplicaciones digitales para la salud y el bienestar, las técnicas de condicionamiento operante pueden utilizarse para promover la adherencia a regímenes terapéuticos, fomentar estilos de vida saludables y abordar conductas problemáticas como la adicción o los hábitos compulsivos. El uso de dispositivos portátiles, aplicaciones móviles y simulaciones de realidad virtual permite la monitorización continua y la administración específica de refuerzos, mejorando así la eficacia de las intervenciones de cambio de comportamiento. Sin embargo, la proliferación de estrategias de condicionamiento operante en entornos digitales también plantea consideraciones éticas sobre la privacidad de los datos, el consentimiento y el posible uso indebido de la influencia conductual. A medida que los algoritmos y las tecnologías de IA se vuelven más sofisticados para predecir y moldear el comportamiento humano, la protección contra la explotación y las consecuencias no deseadas se vuelve primordial. Además, la naturaleza dinámica de las plataformas digitales exige una evaluación continua de su impacto en la autonomía individual, el bienestar psicológico y la dinámica social. Equilibrar los beneficios de aplicar el condicionamiento operante en entornos digitales con la protección de los principios éticos requiere colaboración multidisciplinaria y marcos regulatorios proactivos. La investigación continua en este ámbito es esencial para perfeccionar las mejores prácticas, identificar posibles dificultades y establecer directrices para una implementación responsable. A medida que las tecnologías digitales continúan evolucionando, también debe evolucionar nuestra comprensión de cómo el condicionamiento operante puede integrarse de forma ética y eficaz en estos nuevos contextos.

Consideraciones éticas en la investigación moderna

A medida que los avances tecnológicos y metodológicos amplían las fronteras del análisis del comportamiento, investigadores y profesionales deben mantenerse atentos al cumplimiento de los estándares éticos. Una de las preocupaciones éticas fundamentales se refiere al tratamiento de los sujetos de investigación, ya sean humanos o animales. Es crucial lograr un equilibrio entre la investigación científica y el respeto por el bienestar de los sujetos. Esto requiere el cumplimiento de las directrices y protocolos establecidos, así como la obtención del consentimiento informado de los participantes humanos. Asimismo, es imperativo utilizar métodos no invasivos y humanitarios al trabajar con animales. Asimismo, es esencial garantizar que los beneficios de la investigación superen cualquier posible perjuicio. Más allá del tratamiento de los sujetos, las consideraciones éticas también se extienden a la difusión de los hallazgos y sus posibles implicaciones para la sociedad. Los investigadores deben esforzarse por lograr transparencia y precisión al comunicar sus resultados, evitando el sensacionalismo o la tergiversación. Asimismo, deben considerar el impacto general de su trabajo en las personas, las comunidades y las culturas, especialmente al explorar temas delicados o implementar intervenciones. La competencia cultural y la sensibilidad hacia diversas perspectivas son componentes integrales de la investigación ética en condicionamiento operante. Adoptar esta mentalidad permite una comprensión más matizada de las implicaciones de los principios conductuales en diferentes contextos sociales. Otro aspecto crucial de la conducta ética implica el uso responsable de los datos y los recursos. Salvaguardar la privacidad y la confidencialidad de la información de los participantes en la investigación es innegociable y exige medidas sólidas de gestión y seguridad de datos. A medida que la tecnología sigue desempeñando un papel importante en la investigación conductual, las consideraciones éticas en torno a la recopilación, el almacenamiento y la utilización de datos se vuelven cada vez más complejas. Los investigadores deben afrontar estos desafíos con integridad y responsabilidad, reconociendo el potencial tanto de avances positivos como de consecuencias imprevistas. El panorama cambiante de la investigación moderna en condicionamiento operante subraya la necesidad de una reflexión y un diálogo éticos continuos. Al priorizar las consideraciones éticas, el campo no solo puede avanzar científicamente, sino también cultivar la confianza, la credibilidad y la responsabilidad social.

Perspectivas globales y variaciones culturales

Una de las consideraciones clave al examinar las perspectivas globales del condicionamiento operante es la interpretación cultural de las conductas y los refuerzos. Distintas culturas pueden atribuir distintos significados a ciertas conductas y estímulos. Por lo tanto, lo que se considera reforzante o castigador en una cultura puede no tener el mismo significado en otra. Comprender estos matices culturales es fundamental para la implementación eficaz de las técnicas de condicionamiento operante en diversos entornos.

Las variaciones culturales también influyen en las metodologías y enfoques utilizados en la investigación y aplicación del condicionamiento operante. Por ejemplo, los paradigmas occidentales tradicionales pueden no adaptarse fácilmente a contextos no occidentales debido a las diferencias en las estructuras sociales, los valores y los sistemas de creencias. Investigadores y profesionales deben ser conscientes de estas variaciones para garantizar que las intervenciones de condicionamiento operante sean culturalmente sensibles y pertinentes.

Explorar perspectivas globales permite comprender la eficacia del condicionamiento operante en diferentes contextos socioeconómicos. La accesibilidad y disponibilidad de refuerzos, así como la aceptación de las intervenciones conductuales, pueden variar significativamente según las condiciones económicas y las normas sociales. Comprender estos factores es crucial para diseñar estrategias de condicionamiento operante personalizadas que se ajusten a las necesidades específicas de las diversas poblaciones.

Además, la incorporación de perspectivas culturales en la investigación del condicionamiento operante enriquece el campo al fomentar la colaboración intercultural y el intercambio de conocimientos. Al reconocer y aceptar la diversidad cultural, los investigadores pueden desarrollar marcos más holísticos y adaptables que resuenen con diversas poblaciones de todo el mundo.

Barreras para la implementación y la adopción

La difusión e implementación de los principios del condicionamiento operante, a pesar de su probada eficacia, se ha topado con diversas barreras que dificultan su adopción generalizada en diversos ámbitos profesionales. Un desafío notable surge de la resistencia al cambio y de las prácticas tradicionales, profundamente arraigadas en diversas culturas sociales y organizacionales. Esta resistencia a menudo se debe a la falta de comprensión o a una interpretación errónea del condicionamiento operante, lo que puede generar escepticismo y reticencia a adoptar nuevas intervenciones conductuales.

El acceso limitado a la formación y educación adecuadas sobre técnicas de condicionamiento operante sigue siendo una barrera importante. Los profesionales en ámbitos como la educación, la atención médica y la gestión organizacional pueden no recibir la exposición adecuada a estos métodos durante su formación formal, lo que los hace menos propensos a incorporar el condicionamiento operante en sus respectivas prácticas. Además, las ideas erróneas sobre las implicaciones éticas de la modificación de conducta y la preocupación por las posibles consecuencias negativas para las personas sometidas a refuerzo o castigo contribuyen a la reticencia a adoptar estrategias de condicionamiento operante.

Otro obstáculo crítico radica en la complejidad de adaptar los principios del condicionamiento operante a contextos culturales específicos. Las normas, valores y sistemas de creencias culturales varían considerablemente entre poblaciones, lo que dificulta la adaptación de intervenciones conductuales universales para abordar necesidades culturalmente diversas. Sin una cuidadosa consideración de estos matices culturales, la implementación de enfoques de condicionamiento operante puede, inadvertidamente, encontrar resistencia o falta de aceptación en comunidades con orígenes sociales y culturales distintos.

Las limitaciones financieras y de recursos presentan obstáculos prácticos para la utilización generalizada de las metodologías de condicionamiento operante. Los costos asociados con la implementación de programas integrales de modificación de conducta, la adquisición del equipo necesario y la contratación de profesionales cualificados con dominio de las técnicas de condicionamiento operante pueden suponer una carga considerable para organizaciones e instituciones, especialmente aquellas con presupuestos limitados. En consecuencia, los beneficios potenciales del condicionamiento operante pueden quedar desaprovechados debido a las disparidades financieras y de recursos entre los diferentes sectores.

Áreas prometedoras para la exploración futura

El campo del condicionamiento operante continúa siendo un área dinámica de investigación y práctica, con varias áreas prometedoras para la exploración futura. Una de estas áreas es la aplicación de los principios operantes en el contexto de entornos de realidad virtual y aumentada. A medida que la tecnología avanza rápidamente, el potencial para crear experiencias de aprendizaje inmersivas que integren técnicas de condicionamiento operante es muy prometedor. Esto incluye el desarrollo de simulaciones interactivas y sistemas de entrenamiento adaptativo que pueden adaptar los programas de refuerzo a perfiles de aprendizaje individualizados, optimizando así la adquisición y retención de habilidades.

Otra vía de exploración futura reside en la intersección de la neurobiología y el condicionamiento operante. Gracias a los avances en neurociencia y técnicas de neuroimagen, los investigadores están profundizando en el conocimiento de los mecanismos neuronales que subyacen a la conducta operante. Comprender los circuitos neuronales implicados en los procesos de refuerzo, toma de decisiones y aprendizaje puede abrir nuevas fronteras para intervenciones específicas en entornos clínicos y educativos. Además, explorar la base neurobiológica de la variabilidad conductual y las diferencias individuales en respuesta al refuerzo ofrece el potencial de perfeccionar y personalizar las intervenciones basadas en la conducta operante.

Además, la integración del condicionamiento operante con otros marcos conductuales, como la psicología ecológica y la teoría de sistemas complejos, presenta una interesante dirección para futuras investigaciones. Estas colaboraciones interdisciplinarias ofrecen la oportunidad de enriquecer nuestra comprensión del comportamiento en contextos naturalistas, ofreciendo una perspectiva más holística de los procesos operantes dentro de redes ambientales complejas. Al adoptar un enfoque multinivel que considera tanto al organismo individual como a su nicho ecológico, pueden surgir nuevas perspectivas sobre el valor adaptativo y la dinámica de los comportamientos operantes en diversos contextos ecológicos y sociales.

La exploración de las variaciones culturales y las aplicaciones transculturales de los principios operantes representa un área poco desarrollada y propensa a la investigación. Comprender cómo los factores socioculturales configuran las contingencias de reforzamiento, la motivación y los resultados conductuales puede arrojar luz sobre la universalidad frente a la especificidad cultural de los procesos operantes. Los estudios comparativos entre diferentes grupos culturales pueden revelar información valiosa sobre el impacto de las normas, valores y tradiciones sociales en la configuración de las conductas operantes, lo que fundamenta intervenciones y prácticas educativas culturalmente sensibles.

Por último, las consideraciones éticas en torno al uso de técnicas operantes en diversos ámbitos, como la educación, la atención sanitaria y la gestión organizacional, exigen atención y escrutinio continuos en futuras investigaciones. Equilibrar los posibles beneficios de las intervenciones basadas en la conducta con las preocupaciones sobre la autonomía, el consentimiento y las consecuencias no deseadas requiere una reflexión y supervisión éticas constantes.

En resumen, el campo del condicionamiento operante presenta numerosas y emocionantes oportunidades de exploración futura, que abarcan la innovación tecnológica, las investigaciones neurocientíficas, las colaboraciones interdisciplinarias, las investigaciones culturales y las deliberaciones éticas. Abordar estas fronteras promete enriquecer nuestra comprensión del comportamiento y ampliar la utilidad práctica de los principios operantes para abordar desafíos sociales complejos.

50 CITAS DE SKINNER DEL CONDICIONAMIENTO OPERANTE

Sobre el condicionamiento operante y la conducta

"Las consecuencias de un acto afectan la probabilidad de que vuelva a ocurrir".

"La conducta operante es aquella que es 'controlada' por sus consecuencias".

"El hombre no actúa sobre el mundo, el mundo actúa sobre él".

"El comportamiento se forma y se mantiene por sus consecuencias".

"No deberíamos enseñar grandes libros; deberíamos enseñar el amor por la lectura".

"Un fracaso no siempre es un error, puede ser simplemente lo mejor que uno puede hacer dadas las circunstancias".

"El entorno determina el comportamiento."

"¿Qué es el amor sino otro nombre para el uso del refuerzo positivo?"

"No elegimos la supervivencia; ella nos elige a nosotros".

"El verdadero problema no es si las máquinas piensan, sino si los hombres piensan".

Sobre el refuerzo

"El refuerzo positivo es la forma más eficaz de moldear el comportamiento".

"El refuerzo construye el comportamiento; el castigo sólo lo suprime".

"El fortalecimiento de la conducta que resulta del refuerzo se denomina apropiadamente 'condicionamiento'".

"Si un determinado tipo de comportamiento es seguido por un determinado tipo de consecuencia, es más probable que ese comportamiento vuelva a ocurrir".

"El comportamiento castigado no se olvida, se suprime".

"Una conducta seguida de un estímulo reforzante resulta en una mayor probabilidad de que esa conducta ocurra en el futuro".

"El refuerzo es más humano que el castigo".

"El ideal de la modificación de conducta es reforzar el comportamiento que deseas, en lugar de castigar lo que no deseas".

"Debemos poner a disposición un refuerzo efectivo".

"Debemos practicar el arte del refuerzo con cuidado".

Sobre el castigo

"El castigo puede funcionar a corto plazo, pero tiene muchos efectos secundarios no deseados".

"La amenaza del castigo no disuadirá si el refuerzo del comportamiento persiste".

"El castigo no enseña qué hacer; sólo enseña lo que no hacer".

"Las consecuencias del castigo pueden ser más perjudiciales que el comportamiento que pretende reprimir".

"Cuando castigas a alguien, no cambias su tendencia a comportarse de una manera determinada. Solo suprimes el comportamiento temporalmente".

Sobre el libre albedrío y el determinismo

"El hombre no es libre. No es autónomo. Está controlado por el entorno".

"No somos libres de elegir; estamos moldeados por la historia de refuerzo".

"El sentimiento de libertad es una ilusión; es un subproducto de la ignorancia de las causas del comportamiento".

"Una visión científica del hombre ofrece una manera de tratar el comportamiento humano como un tema de estudio en sí mismo".

"Debemos abandonar la ilusión del libre albedrío si queremos comprender verdaderamente el comportamiento humano".

Sobre el medio ambiente y el control

"El medio ambiente hace al hombre".

"El comportamiento está controlado por sus consecuencias, y estas consecuencias están determinadas por el entorno".

"El control no es una mala palabra. Es una función necesaria de la organización social".

"Para controlar el comportamiento, debemos controlar el entorno".

"La educación es lo que sobrevive cuando lo aprendido se olvida".

"La sociedad ataca temprano, cuando el individuo está indefenso".

“Decir que un hombre elige su comportamiento es decir que es libre de comportarse como quiera. Esto no es así”.

Sobre el aprendizaje y la educación

"El aprendizaje es un proceso de adquisición de nuevos comportamientos a través del refuerzo".

"La educación es el establecimiento de un comportamiento que resultará útil o placentero más adelante".

"La buena enseñanza es la disposición de contingencias de refuerzo bajo las cuales los estudiantes aprenden".

"Un estudiante no es un recipiente que hay que llenar, sino una antorcha que hay que encender".

"Necesitamos hacer que el aprendizaje sea reforzante en sí mismo".

Sobre el método científico y la psicología

"La ciencia es una forma de pensar mucho más que un cuerpo de conocimientos".

"La psicología debe descartar las explicaciones mentalistas del comportamiento".

"El conductismo no es la ciencia del comportamiento humano; es la filosofía de esa ciencia".

"El análisis del comportamiento no es especulación; se basa en evidencia empírica".

"Sólo observando el comportamiento podemos descubrir las leyes del aprendizaje".

Sobre "Más allá de la libertad y la dignidad" y "Walden Dos"

"Podemos lograr una sociedad mejor mediante el control científico del comportamiento".

"En una cultura bien diseñada no hay necesidad de coerción".

"Una sociedad utópica no es una fantasía; es un experimento de comportamiento".

www.ingramcontent.com/pod-product-compliance
Lightning Source LLC
LaVergne TN
LVHW010929051026
849532LV00003B/901
* 9 7 9 8 2 3 3 2 9 8 7 3 8 *